读点**石油财经**系列

油 公 司 高 质 量 发 展 模 式 探 索

THE FINAL FRONTIER
E&P's Low-Cost Operating Model

[加拿大]贾斯廷·佩蒂特（Justin Pettit）◎ 著
王志林　李　峥◎ 译

WILEY

石油工业出版社

内容提要

本书概述了油气行业面临的十大主要挑战,包括低廉的油气价格、非常规能源的"波及效应"以及不断上升的社会许可和环境成本。本书对新的内部经营模式重构因素进行了探讨,并通过大量成功和失败的真实案例,研究了油公司(特别是上游企业的)高质量发展模式。本书还说明企业模式的重构还可以发掘创业精神、激发人才创造力、发挥员工的积极性,从而推动企业发展。

本书适合油公司改革创新阶段的领导和员工阅读。

图书在版编目(CIP)数据

破界:油公司高质量发展模式探索 /(加)贾斯廷·佩蒂特著;王志林,李峥译. —北京:石油工业出版社,2021.1

书名原文:The Final Frontier: E&P's Low-Cost Operating Model

ISBN 978-7-5183-4435-2

Ⅰ.①破… Ⅱ.①贾… ②王… ③李… Ⅲ.①石油工业–工业企业管理–研究 Ⅳ.①F407.226

中国版本图书馆CIP数据核字(2020)第257521号

The Final Frontier: E&P's Low-Cost Operating Model
Justin Pettit
ISBN 9781119376545
First published 2017 by John Wiley & Sons, Inc.
Copyright © 2017 by Justin Pettit
All Rights Reserved. This translation published under license. Authorized translation from the English language edition published by John Wiley & Sons. No part of this book may be reproduced in any form without the written permission of the original copyright holder, John Wiley & Sons, Inc. Copies of this book sold without a Wiley sticker on the cover are unauthorized and illegal.

本书经John Wiley & Sons, Inc.授权翻译出版,简体中文版权归石油工业出版社有限公司所有,侵权必究。本书封底贴有Wiley防伪标签,无标签者不得销售。
北京市版权局著作权合同登记号:01-2020-7200

破界　油公司高质量发展模式探索

[加拿大]贾斯廷·佩蒂特　著　王志林　李　峥　译

出版发行:石油工业出版社
　　　　　(北京市朝阳区安华里二区1号楼 100011)
网　　址:www.petropub.com
编 辑 部:(010)64523570　图书营销中心:(010)64523633
经　　销:全国新华书店
印　　刷:北京晨旭印刷厂

2021年1月第1版　2021年1月第1次印刷
740×1060毫米　开本:1/16　印张:13
字数:200千字

定　价:80.00元
(如发现印装质量问题,我社图书营销中心负责调换)
版权所有,翻印必究

感谢克里斯塔、特雷弗、玛蒂和泰迪的笑声、关爱以及耐心。

致谢

在此，我想要感谢与我共事多年的许多朋友，感谢他们在写作中给予我动力、专业知识和资源，尤其是我以前的合作伙伴和来自博斯公司、瑞典银行、思腾思特管理咨询公司的伙伴和同事。同时，我还要感谢之前的编辑，包括戴维·钱皮恩（David Champion）、唐丘（Don Chew）、阿特·克莱因（Art Klein）和克丽丝塔·佩蒂特（Krista Pettit），感谢他们教会我不要以科学家的口吻来写书。

本书中的所有观点仅代表我的个人观点。若有错误和遗漏，均是我本人的责任。

我还想要感谢我在埃信华迈的同事们，他们是鲁斯兰·阿尼西莫夫（Ruslan Anisimov）、库尔特·巴罗（Kurt Barrow）、丹·本迪格（Dan Bendig）、安德鲁·戴（Andrew Day）、埃里克·达尔纳（Erik Darner）、琼·杜根（Jean Dugan）、布莱克·埃斯丘（Blake Eskew）、史蒂夫·费克特（Steve Fekete）、黛安娜·弗格森（Dianna Ferguson）、菲利普·弗兰古列斯（Philippe Frangules）、鲍勃·弗里克隆（Bob Fryklund）、艾蒂安·加贝尔（Etienne Gabel）、于柏慧、刚明慧、穆罕默德·哈桑纳利（Muhammed Hassanali）、斯马可·霍（Smarco Ho）、黄天石、马克·杰利内克（Mark Jelinek）、埃德·凯利（Ed Kelly）、杰里·凯派什（Jerry Kepes）、克里斯·凯泽（Chris Kiser）、孔令晓、迈克·克劳托奇维尔（Mike Kratochwill）、Han Ju Lee、李伦佳、戴维·利姆（David Lim）、肯尼·利姆（Kenny Lim）、刘刚、尼克·洛斯（Nick Lowes）、陆旻杰、费尔南达·马查多（Fernanda Machado）、迈克尔·马里诺维奇（Michael Marinovic）、保罗·马克韦尔（Paul Markwell）、迈克尔·缪尔黑德（Michael Muirhead）、吉尔·内贝克（Gil Nebeker）、沙尔利·奥布里安（Charlie

O'Brien)、大平智树（Tomoki Ohira）、Min Rao, 阿拉斯泰尔·里德（Alastair Reid）、达里尔·罗杰斯（Darryl Rogers）、雅梅·罗森菲尔德（Jamey Rosenfield）、佐野大松（Hirofumi Sano）、宍户莉子（Mariko Shishido）、埃德·斯卡达维尔（Ed Scardaville）、尼克·夏尔马（Nick Sharma）、柯蒂斯·史密斯（Curtis Smith）、利塔·史密斯（Leta Smith）、詹姆斯·史蒂文森（James Stevenson）、戴尔·斯特鲁克斯内（Dale Struksnes）、汤爽、穆罕默德·塔瓦阿里博士（Dr. Mohammad Tavallali）、吉姆·托马斯（Jim Thomas）、罗德里戈·瓦斯（Rodrigo Vaz）、沃拉拉特·冯帕登基亚特（Vorarat Vongpadungkiat）、王任飞、王旭、薛雨军、珍妮·杨（Jenny Yang）、丹·耶金（Dan Yergin）、周希舟、朱坤锋、原茵和蒂姆·佐巴（Tim Zoba）。

最后，我还要感谢我的客户，他们把需求托付给我，让我有机会挑战自己，希望你们继续如此！

序

自本书英文版 *The Final Frontier* 出版以来，许多事情都发生了变化，包括全球大流行病对能源需求带来巨大破坏、美国原油产量达到前所未有的水平、负油价……但这本书中的信息一如既往地适时和恰当。

对石油和天然气行业来说，价格周期并不是新兴概念，而伴随价格周期而来的成本削减措施也和这个行业一样历史悠久。就我们对全球资源基础、资源开发的技术和方法、资源所有权和主要利益相关者、环境问题、经济和商业模式的理解而言，勘探和生产（E&P）行业在许多方面正经历着巨大的结构变化。虽然勘探和生产公司长期以来一直在努力控制成本，但其变化通常是渐进式的，没有尝试寻找像重建行业内部结构那样具有变革性的解决方案。

本书认为，石油和天然气行业的持续不稳定发展和渐进式变化使勘探和生产公司的财务可行性比以往任何时候都更加脆弱。现在对于勘探和生产公司来说，如果它们想要生存下去，就必须在它们各自的领域中名列前茅。

不像其他行业为了应对颠覆性的行业力量而进行经营模式转变，上游企业很少系统地或在企业范围内进行经营模式转变。勘探和生产公司必须重新设计和改变它们的组织运作模式。

本书的开篇提醒我们，在未来几十年里，即使在激进的可再生能源增长情景下，石油和天然气在一次能源组合和经济中仍将扮演极其重要的角色。

接着对油气行业上游公司发展趋势和战略的概述，我们会看到这些公司为了可以在全新的能源版图中繁荣发展，采取了哪些策略。本书还介绍了许多更为成功的上游战略的核心原则——能力驱动战略（CDS）。本书概述了在勘探和生产公司的资产组合和组织经营模式中，能力驱动战略是如何体现其采用或执行的。

本书还解释了勘探和生产公司重新设计组织经营模式的元素，引导读者结合上游战略、资产组合和组织经营模式等进行协调考虑。上游战略决定了"做什么"，组织经营模式决定了同样重要的"如何做"。

经营模式以及由此引申的"卓越经营"必须被提上每个企业的议程——变革可以节约巨额成本并大幅提升经营效率。然而，计划变革总比实施变革容易得多，重新设计的经营模型也很少在组织范围内执行。

这一方法同样适用于国际石油公司（IOCs）、大型公司和独立公司、国家石油公司（NOCs）以及上游供应链中的服务公司。为简单起见，本书将这些公司称为勘探和生产（E&P）公司。

目录

第一章 引 言 ……………………………………………………… 1

一项重要的行业 ……………………………………………… 3
现状如何？ …………………………………………………… 4
行业演变 ……………………………………………………… 6
更新经营模式的十大理由 …………………………………… 8
勘探与生产需要新的议程 …………………………………… 16

第二章 新的议程 ………………………………………………… 19

上游成本转换 ………………………………………………… 21
"削减成本，发展壮大" ……………………………………… 27
降低成本和增加产量的六种方式（以能力驱动发展战略）…… 30
勘探与生产能力 ……………………………………………… 48
以资源为基础的关键能力 …………………………………… 63

第三章　新资源，新能力 ····· **67**

成熟盆地焕发新生：二叠纪盆地与北海盆地的经验与启示 ····· 69
中国如何成为油气净出口国？ ····· 76

第四章　勘探与生产经营模式重构 ····· **87**

内部经营模式 ····· 91
业务划分与绩效评价 ····· 92
组织结构、能力以及工作流程 ····· 101
经营管理流程 ····· 107
决策权分配 ····· 108
非正式社会规范与企业文化 ····· 109
行业演变影响 ····· 113
商业模式的考虑因素 ····· 114

第五章　并购整合（PMI）和其他事件驱动重构 ····· **117**

寻找完美的所有权模式 ····· 120
准备上市 ····· 122
成功的关键因素 ····· 123
事件驱动重构 ····· 125

第六章 国家石油公司的顾虑 …… **127**

国家石油公司背景 …… 130
主权和国家石油公司战略 …… 133
商业模式的内涵 …… 138

第七章 合作经营模式 …… **143**

谁使用合资企业模式？…… 146
合资企业的战略意图 …… 149
合资企业的价值和估值 …… 151
交易结构 …… 153
合资企业实践——如何实施 …… 156

第八章 财务指标 …… **165**

财务战略与政策 …… 168
对冲与交易 …… 175

术语表 …… **187**
索　引 …… **189**

第一章

引 言

油气行业的颠覆性力量和演化的高潮共同促成了一种新的低成本经营模式。就我们对全球潜在资源基础、所有权和主要相关方性质、资源开发的技术和方法以及经济和商业模式的理解而言，油气行业经历了巨大的演变。

2014年，全球油价暴跌。在此之前，油气公司就已经开始注重成本和生产率，但除了逐渐适应周遭变化外，企业很少在重构和转换经营模式上下功夫。然而，与其他那些为应对颠覆性的行业力量而进行经营模式转型的行业不同，除了并购整合，上游企业很少系统地或在企业范围的基础上进行经营模式转型。

一项重要的行业

尽管可再生能源、混合动力汽车和电动汽车（EVs）进步显著，世界各国领导人也一致表示要在气候变化问题上取得重大进展。但是，即使在激进的可再生能源增长情景下，许多人仍然预测：未来20年，对油气上游的需求将占到全球的一半甚至是更多。

一百多年以来，天然气和石油一直在美国的能源结构中发挥着重要作用。可再生能源在过去10年中的收益超过了1.5万亿美元，约占所有新建发电量的三分之一。如今，可再生能源规模虽小，但却重要（见图1.1）。美国的总耗电量中，风能和太阳能提供了5%（在所有的非二氧化碳排放能源中，核能占63%——《国民评论》预测，太阳能替代核电站产生电能大约需要 100 多年的时间）。即使联邦政府、州级政府和市级政府在规章制度、税收抵免和直接补贴这些方面有所支持，但美国能源情报署（EIA）仍然预测，到 2040 年，"化石燃料"将会提供美国四分之三以上的一次能源。

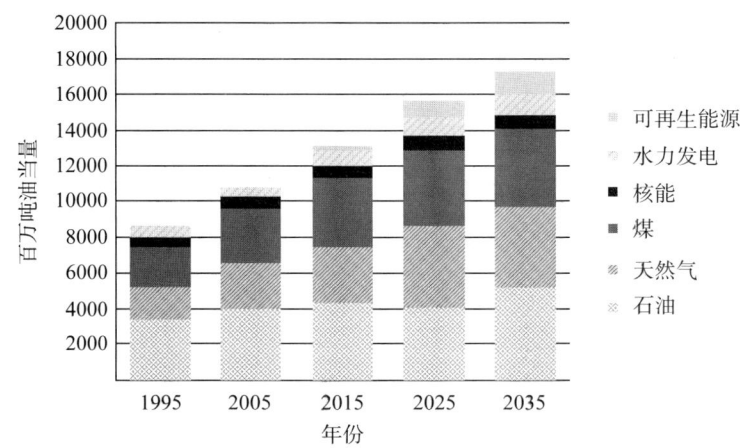

图 1.1　按燃料划分的世界一次能源

资料来源：《英国石油公司 2035 年能源展望》。

现状如何？

2014 年，全球油价暴跌。在此之前，油气公司就已经开始关注成本和生产率。上游作业者为此做出了巨大的努力，他们借助大规模促使供应商让步、资本项目延期、裁员以及挑选最优资产进行钻井和完井活动来实现最高面积单产。

例如，2016 年，由于成本的降低及生产率的提高，一美元的美国陆上资本产出（即桶油当量/天）是 2014 年的两倍。

> 现状如何？
>
> 有人问，"我们做到了吗？"很遗憾，并没有。行业中大部分企业自由现金流不足甚至呈现负数。人们要问的是："现在该做些什么？"

就我们对全球潜在资源基础、所有权和主要相关方性质、资源开发的技术和方法以及经济和商业模式的理解而言，油气行业经历了巨大的演变。伴随着这些变化的，则是商业模式的巨大发展，包括钻井服务商拥有权益激励、油气权益出售和引入其他非作业投资者（NOVs）、拥有大量油服公司的行业供应链、通过合资（JVs）进行多种形式的股权和经营合作、通过国家石油公司（NOCs）对自然资源进行国有化和控制、采用企业共享的服务模式、对业务流程离岸转包和/或外包进行试验以及在核心业务中更多地使用大数据分析和数字化解决方案。

但除了逐渐被动适应周遭变化外，油气企业很少在重构和转换经营模式上下功夫。为了应对颠覆性的行业力量（如零售业），一些行业不得不在经营模式上实施转型。然而，与这些行业不同，油气上游企业很少系统地或在企业范围的基础上进行经营模式转型。事件驱动的情形当然例外，如并购整合（PMI）项目，在这类项目中，协同效应的前景可能引发对上游经营模式、重大资产剥离（如出售或分割/分拆上市）以及首次公开募股（IPO）准备的根本反思。

在价格下跌之前，上游作业者就已经在尽可能地获得足够的收益。但现在面临的困境是其产生的现金流甚至不足以满足其基本需求——包括经营成本、资本项目、管理费用、债务偿还、股息等。由于油气价格持续偏低，对冲基金不断撤资，现金来源短缺，上游企业需要在成本和生产率方面获得基本收益。最大的（也是最简单的）削减，例如供应商让步，无法维持整个周期。此外，到目前为止，一些主要的成功无法规模化。2020年以后的未来供应缺口需要大量的投资来发现、开发以及生产有可能相对昂贵的石油资源。

为了降低上游成本，必须要做更多的，而且是更困难的工作。虽然石油行业目前来说进步巨大，但现在，难度更大（但更有价值）的任务是要厘清以下问题：

- 要做什么不同的事情（即制订战略议程）？
- 如何以不同的方式做这些事情（即定义经营模式）？

第一个问题（即"什么"）就是要建立战略议程，这关系到一系列选择，如公司和业务单位的战略、资产组合以及商业模式。战略议程要确定企业要参与哪些业务、要拥有哪些资产。此外，更重要的是，战略议程必须要确定在哪些"关键能力"上进行投资、将哪些活动作为"内部能力"。因为要想在每项能力上都达到"世界级"水平是不可能的，所以必须要做出关键抉择。

选择*不做*的事往往比选择*要做*的事更加重要。大多数上游油气企业的投资组合中，业务太多、资产太多、地域太泛、资源类型太广泛、机遇也太多，而所有这些东西都在争夺本就稀缺的资本、少量的专门技术和非常有限的人才库。因此，最重要的战略选择是要决定不做什么事情。另外，这些选择需要一个迭代过程来"协调"上游企业的以下三个关键要素：

- 企业的期望、目标和宗旨。
- 潜在资源组合的机会和需求。
- 企业内部经营模式和人才库的组织能力。

第二个问题（即"如何"）是设置企业经营模式，将其与公司的内部架构、经营以及治理关联。经营模式关乎内部架构、绩效指标、系统、流程和文化的选择，对企业绩效影响深远。企业经营模式是企业内部结构、经营和监管的有效"蓝图"。

如今，大多数与低成本经营有关的研究和经验都倾向于关注*商业模式*（而非企业内部经营模式）创新，一般是通过数字化平台来降低获取和服务客户的成本，并增强客户的体验感。有低成本经营模式研究和相关体验的行业，往往是那些面向消费者的行业，例如好市多（Costco）、戴尔（Dell）、西南航空（Southwest Airlines）、沃尔格林（Walgreens）、沃尔玛（Wal-Mart）、亿创理财（E*Trade）和宜家（IKEA），而不是"B2B"行业，或者具体地说，上游油气行业。

行业演变

在过去的一个世纪里，就我们对全球潜在资源基础、所有权和主要相关方性质、资源开发的技术和方法以及经济和商业模式的理解而言，油气行业经历了巨大演变。

与此同时，商业模式也经历了巨大变化——但目前为止，企业内部的经营模式调整大部分都是现有模式的补充（见图1.2）。

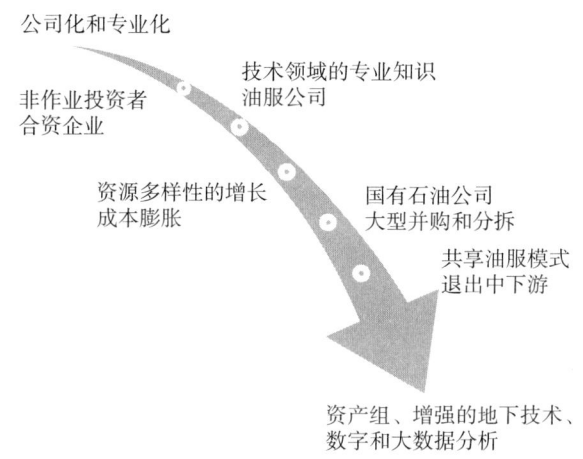

图1.2 上游油气企业商业模式的演进

资料来源：埃信华迈。

20世纪初期，油气行业从艰难创业开始，一定程度上受到所需资金和专业技能规模的影响，很快就发展壮大——20世纪60年代，石油供应安全又充足，不受经济增长的限制，过剩产能超出需求的比例约为自由世界消费的20%。这一现象推动了工业的公司化和专业化，并促进了专业知识的极大增长，特别是地质和地球物理的作用、工程领域和其他技术领域。1972—1981年这段时间属于增长期，出现了大规模的扩张。到了20世纪80年代，油价偏低，再加上油气企业大量裁员和企业整合，三维地震、水平钻井和随钻测井都开始商业应用，还有许多新技术和油服公司都出现了不同程度的创新。

随着技术能力在广度和深度上不断提升，专门领域的服务公司也开始断断续续地或根据需要提供类似的专门知识。同样，商业模式调整，如非作业投资者（NOVs）和合资企业（JVs）让公司能够在超出核心所有权或核心能力之外的范围参与资源开发和生产活动。这些平台还帮助汇集了供应常常处于缺乏状态的金融资本和专业技术，同时也使往往很大的项目风险得到分担。

随着石油和天然气变成大生意，许多东道国意识到，通过采用国家主导的国家石油公司（NOCs）——该行业商业模式的另一种变体，他们就有机会在其资源部门中保留更大份额和控制权。在最大的综合企业（大型合并）之间的整合能够促进合并——为工业下游的精炼和零售部门提供了巨大的经济收益，同时还巩固了传统的上游业务。许多公司采取了企业共享服务模式进行集中采购和其他业务。

在国家石油公司和国有企业的控制下，世界上成本最低的常规资源得到了整合，这使得国际石油公司（IOCs）和独立石油公司需要四处奔走，探索新的国际前沿和日趋增多的资源类型——包括超深水、北极、页岩气、致密油和加拿大油砂。通常来说，这些商业冒险需要更昂贵的成本资源，甚至是更多的专业知识。

石油和天然气价格大跌，企业想要减少成本膨胀和资金紧张所带来的影响，因此出售许多中游和下游资产。许多上游作业者退出价值链的这些环节，将精力（和有限的资源）集中在上游的需求和机遇上。在企业中，通常包括这样一些举措，向资产团队组织迁移，投资关键能力，如增强地下能力、改进三维地震数据处理技术、更多地使用地质力学建模和油藏工程、提高采收率（EOR）以及数字和大数据分析方面的新应用。

尽管演变存在——我们对资源基础、开发方法和技术、所有权和利益相关者、商业模式的理解在不断变化——但除了逐渐适应周遭变化外，企业很少在重构和转换经营模式上下功夫。为了应对颠覆性的行业力量（如零售业），一些行业不得不在经营模式上实施转型。然而，与这些行业不同，上游很少系统地或在企业范围的基础上进行经营模式转型。合并后整合（PMI）项目是个显著例外，在这类项目中，协同效应的前景往往会引发对于经营模式的根本反思。

更新经营模式的十大理由

诸多因素共同促成了油气行业的改变——正是这些改变促使企业采用低成本经营模式。颠覆性力量的巅峰——包括美国页岩气和致密油的供应过剩，以及各国领导人在遏制化石燃料排放方面日益达成的共识——正在重塑全球能源格局。尽管几年来能源价格相对较高，但无论是从历史标准来看，还是相对于资本成本而言，上游回报率一直都很低。国际大石油公司连维持生产都尚且困难，更不用说扩大生产和补充石油储备了。在这样的情况下，企业也不能只是依赖高油价。此外，研究表明，随着多年来收入、现金流和经营指标（包括储量）在股价中的影响力大幅提升，资本市场对石油和天然气公司的估值发生了重大变化。

不断发展的全球资源基础

企业经营模式需要一系列更为广泛的关键能力，这些新的能力可以帮助企业理解全球资源基础的发展。此外，石油行业面临着巨大的替代性挑战——到 2040 年，全球每天需要约 6000 万桶的新产量，以抵消油田递减和需求增长的影响。我们必须在日益多样化、成本也不断增加的基础上寻找资源，可以选择成熟油田，新前沿，深水和超深水，或非常规资源，如致密油、页岩气、油砂和煤层气进行资源开采，或是选择开采新兴的但大部分还未勘探的资源，比如北极、可燃冰和碳酸盐岩储层等。油气行业正在追求成本更高的资源、技术含量更高/质量更低的储层、重油或难以实现商业化的天然气，与此同时也面临着更高的地面风险。

非常规能源"波及效应"的搅局

美国陆上非常规石油的产量和天然气产量呈高水平快速增长（尽管钻机数量和新井产量在下降），导致石油、天然气、电力和工业原料价格保持在较低水平。这推动了整个经济的颠覆性变化，改变了炼油企业、石化企业和能源基础设施的竞争格局。上游企业一方面面临较短的项目周期，另一方面面临大为不同的地下风险和现金流情况，在几个方面都对具有颠覆性影响的战略提出了挑战：

- 更多的短周期油气，更低和更为波动的价格，石油输出国组织的作用被挑战；在力量平衡中出现了向西迁移，原油和油品的流动方向以及贸易模式重新定位。

- 将资本流入转向美国陆上；私人资本则一头扎进了上游行业；勘探与生产（E&P）公司为非常规能源的投资和/或经营创建了独立的公司。
- 为其他国家开发低渗透率油气藏提供经营蓝图。
- 全球天然气项目或液化天然气项目在定价机制、市场流动性和竞争力方面面临挑战。
- 提高美国石化产品的成本竞争力；产能从以国外石脑油为基础的市场转向以美国乙烷为基础的转换产能和下游制造业。
- 减少美国碳足迹，提高美国电力密集型产业的成本竞争力；有更多可替代燃煤（甚至一些核能）发电的能源。

发现新资源的挑战

传统勘探减少，不断发展的资源基础面临更加突出的挑战——经传统油气勘探方法找到的是高成本、低价值的油藏。而价格低廉、高质量的石油正在被高成本或低质量的石油取代（见图 1.3）。加上非常规能源（成本相对较高的一种资源）的兴起，能源的前景会更加黯淡。

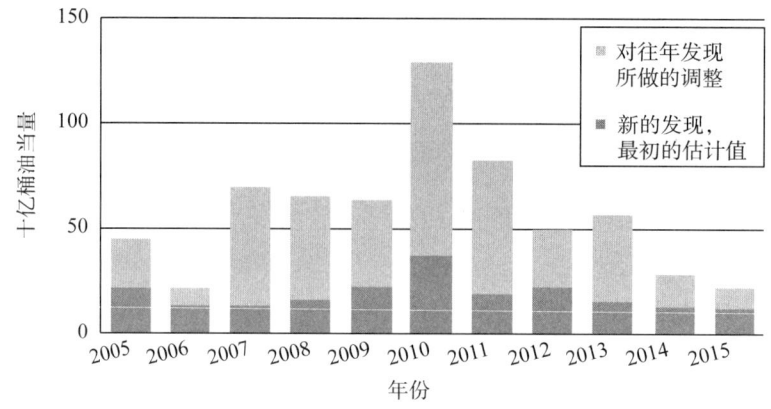

图 1.3　按年划分的常规油气发现和油田增长情况

资料来源：埃信华迈。

注：5 千万桶油当量以上油田；不包括加拿大陆上、美国本土陆上、美国浅海和奥里诺科河重油带。

2015年是传统油气发现多年来的最低潮——总的来说，钻井的绝对数量并没有像新发现钻井数量一样下降——但大型油田的发现更少了。也没有发现数十亿桶级别的油藏——坦桑尼亚的皮里气田只有1.9万亿立方英尺（即3.18亿桶油当量），占总量的16%。油气发现越来越多地集中在成本更高的深水区（1000～5000英尺）和超深水区（即高于5000英尺）；浅水区（即低于1000英尺）和陆地的油藏发现则在下降。天然气经济价值较低，发现则比石油要多（1英尺=0.3048米）。

非常规能源的兴起，加上在墨西哥和伊朗等地的成功开发，虽然带来了巨大希望，但却不能满足我们所有的储量替代需求。同样，可再生能源的增长也不能满足我们所有的储量替代需求。全球资源潜力巨大，但是评估和开发需要高昂的成本和复杂的技术。在经济上，新的区块仍然需要可行的财税条款、适合的经营结构和合理的成本来进行管理。资源基础在不断变化、成本日益昂贵、常规勘探结果不佳、项目延误、成本和资本密集度也在不断上升，在这样的背景之下，"廉价石油"必须要被取代。

储量调整带来的"油田增长"是一大亮点，它是指在前一年的储量估算基础上向上调整——这一数值通常会超过勘探新发现的资源储量。每年，大约2000个常规油田都会根据更多或更好的数据、不确定性降低和更好的地质解释等因素向上修订其技术资源。因此，为了降低成本、缓和勘探成功率的下降，一些公司可能会选择将重点放在现有的盆地和油田上，而非传统的前沿勘探领域。其他公司可能会选择把重点放在非常规能源勘探上，与常规前沿勘探相比，非常规能源勘探的地下风险（和成本）大有不同。

产量下降

上游经营现金流不足且呈下降趋势。尽管经历了一段时期的高油价，2014年油价崩溃之前，上游油气行业的回报就已经呈下降趋势了（相对于历史资本回报率和资本成本而言）。此外，如图1.4所示，主要生产商很难增加产量（和补充储量）。产量下降，营业利润缩水，油服公司的供应链预示成本一定会上涨，同时，资本投入的数量也已经急速上升。

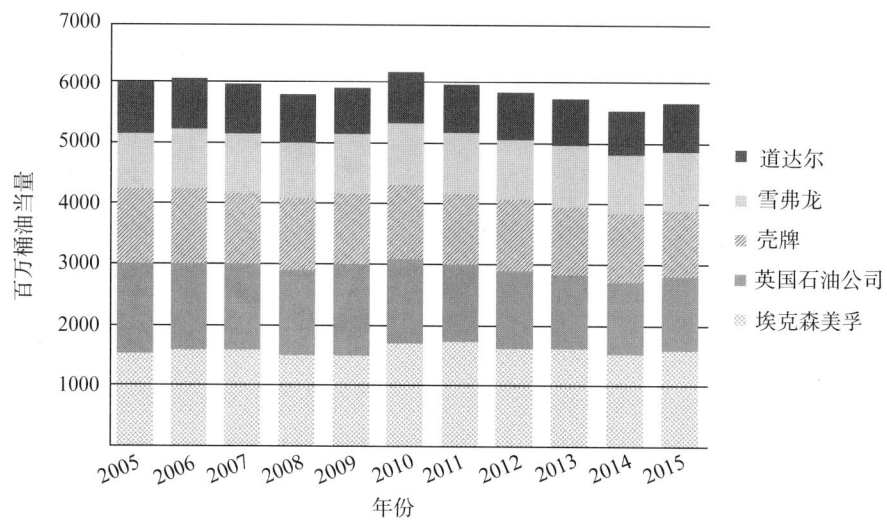

图1.4 按主要油气公司划分的全球油气产量
资料来源：埃信华迈。

许多大型国家石油公司，如墨西哥国家石油公司和委内瑞拉国家石油公司，也面临着产量下降的问题。在过去的10年中，墨西哥国家石油公司的油气年产量从2006年的15.8亿桶油当量降至2015年的11.59亿桶油当量，降幅35%。东道国政府和国家石油公司日益依赖高回报率和稳定现金流，这些稳定的现金流来自矿权使用或股息，它们为公共项目和其他国家项目提供资金。由此可见，油气行业已经成为众所周知的摇钱树。

面对下降的产量和巨大的投资需求，东道国政府和国有石油公司必须采取行动。例如，委内瑞拉国家石油公司的石油产量已经从2008年（其油服公司国有化的前一年）的330万桶/天降至2015年的270万桶/天，下降了18%。委内瑞拉的马拉凯波湾-法尔孔盆地日产量从2008年的100万桶下降到2015年的70万桶，下降了30%。大型的弗里亚尔（El Furrial）油田日产量在7年内大幅下降51%，从2008年的40.8万桶/天降至2015年的19.8万桶/天。通常来说，成熟油田的产量确实会下降，但这种下降速度实在是太快了。

成本与资本效率

世界上大多数常规油田都是"成熟的",对于这些成熟油田来说,经营的复杂性会随着时间的推移而增加,而这种复杂性又会带来成本压力。同时,我们还发现,成本上升的驱动因素包括本土化要求的上升、工程生产率的下降(例如,更多的返工),以及在某些情况下的其他因素,如监管要求和更高的复杂性。

英国海上石油作业者的情况并不罕见——过去10年,其桶油当量的开发成本增长了3倍以上,而单位经营成本增长了近4倍。与此同时,生产效率(即生产设施的实际产量与生产设施正常运转时的产量之比)在同一时期从80%左右下降到70%以下。石油工业之所以能够经受住生产率下降和成本上升的冲击,是因为同期油价上涨了近两倍。但现在,北海石油生产的经济状况不容乐观,一些油田的自由现金流为负,而且往往依赖于含有基础设施带来的收益。

项目延期和超支损害了国际石油公司卓越经营的声誉,其中很大的一部分原因是由于项目变得越来越复杂,国际石油公司的管理存在不确定性。真实的项目成本基准、不确定性和风险既得不到可靠的估计,也得不到良好的管理。在英国,5个大型项目占总开支的30%,而较小的项目则占余下的比例。随着油田规模缩小,单位成本上升。英国石油天然气公司(Oil & Gas UK)表示,经通货膨胀因素调整后,纳入考虑的油田单位平均开发成本为13.50英镑/桶油当量(21.75美元),高于10年前的4.00英镑/桶油当量(6.44美元);年平均单位经营成本为17.00英镑/桶油当量(27.39美元),高于10年前的价格4.5英镑/桶油当量(7.25美元)。随着单位成本上涨,许多领域的经济寿命都缩短了;基础设施提前退役,使得更多的储量被搁浅。

技术和专业知识

如今,企业经营模式需要更加广泛的关键能力以适应行业所需能力的增长和演变——所谓的关键能力是指资产、技术和专业知识的组合。例如,最近的行业变革创新，包括深水和超深水技术、油砂生产技术、三维地震采集和数据处理、旋转导向钻井、随钻测井的地质导向、多级水力压裂下的水平钻井，以及一系列非常规完井技术，包括加大对水、支撑剂和压力（又称超压裂）、更长分支、更多阶段和测序变化（如拉链压裂）、不同支撑剂（如陶瓷）等一系列物质和技术的利用。同时，要想提高页岩气和致密油的一级和三级采收率需要更强的能力。水平井人工举升是一门不断发展的科学，通过油藏接触、充填钻井、压裂高度、压裂段距和下井距之间的平衡以及重复压裂，也可对水平井的采收率进行管理。

供应链和服务

通过对企业经营模式的重新优化，可以认识外包服务上游供应链的巨大增长和演变——供应链的规模、潜在的作用和可用的功能。上游供应链通过功能和地理上的分拆改变了该行业。在这种划分过程中，基本的交易是能力专业化（及其利用）的收益与协调和监督成本之间的权衡。服务外部化的发展使得专业能力——资产、技术和专业知识的组合——能够以新的方式得到更多利用。供应链的未来将受到以下因素的影响：协调技术的改进，会降低功能性和地理分拆的成本；影响专业化效益的生产技术取得进步；工资差距的缩小降低海外分包效益；石油价格。

财税及管理制度

东道国政府自然资源的财税和管理制度在结构、校准和流动性上变化巨大，这对企业经营模式具有直接影响。政府收入可能包括矿权使用费、国税和地税、公司税和特殊税，政府通过直接参与或通过国家石油公司参与的方式来获得这些收入。财税和管理制度的相互冲突的目标会造成：财税政策日益复杂和专业化，既需要专业知识来主导战略选择，同时也对竞争格局有所影响。

财税制度类型可分为两大类：一是特许权，涉及矿权使用费和税收（R/T）；二是合同，如产品分成合同（PSCs）或服务合同（SCs）。然而，一些R/T机制基于合同，一些服务合同看起来又与产品分成合同很相似。R/T结构普遍存在于美洲、西欧和澳大利亚的很多地区。产品分成合同在非洲和亚洲的大多数地区比较普遍。而服务合同则在墨西哥、沙特阿拉伯和伊朗盛行。阿尔及利亚、伊拉克、俄罗斯和哈萨克斯坦的财税可以说是一种混合制。挪威长期采用 R/T 制度,从石油和天然气部门以租金的形式获得相对较高的收入,而其他采用 R/T 制度的先进工业化国家获得的收入则较少。在过去 30 年间,有很多国家都采用了产品分成合同这一结构,马来西亚和印度尼西亚就是其中的两个。马来西亚的油气行业吸引了大量外国投资。但是,与马来西亚相比,印度尼西亚的财税制度对投资者则不是那么有利。2009 年,在一轮令人失望的投标之后,印度尼西亚在 2010 年提议改革其财税和管理制度,以吸引更多的投资。

无论是 R/T 还是 PSC 制度都不一定决定政府收益的高低。但是产品分成合同往往是*累进的*。在低价格环境中,累进条款尤其重要——累进结构是指那些随价格或利润而变化的条款,如税收和利润分成。递减结构则是指那些固定的、与价格或利润无关的条款,如矿权使用费、出口关税和国内市场义务(DMOs)。财税制度(以及资源招标)鼓励直接投资,既要保证政府拥有符合政治又有卖点的可观收入,也要关注地方经济的发展。在这些方面上,财税制度要争取达到平衡。同样,监管框架在确保安全和环境问题的同时,也要寻求创新和竞争,但一定要避免负担过多或花费更大。

社会许可和环境成本

如今,上游企业需要这样一种经营模式,它能够在支持和提升社会许可的经营上做出更多、更大、前所未有的投资。不管人们对气候变化和其他可能会影响油气行业的环境问题持怎样的看法,可以肯定的是,环境问题已经对勘探与生产行业造成重要的影响,这些影响反映在相当广泛的商业成本和挑战之中。由于外运能力受限,加之被限制进入联邦土地和水域,再加上政府严格禁止某些做法,比如禁止水力压裂或在某些环境保护区作业,使监管要求变得愈加严格,重大项目延期的情况增多、井口价格下降。为了应对这样的状况,资本支出和经营成本必须增加。弗雷泽研究所（Fraser Institute）的一项研究估计，管道项目的延误每年造成的损失高达数十亿美元。加拿大外运能力受管道铺设的限制，因此价格比布伦特原油低20%至30%，加拿大财政因此损失巨大，达数十亿美元。弗雷泽研究所自然资源研究高级主任，《管道堵塞的成本》（The Costs of Pipeline Obstructionism）一书的合著者肯尼思·格林（Kenneth Green）表示："如果没有足够的管道通往加拿大海岸，加拿大石油生产商将不得不以极低的价格出售产品。

油气价格疲软

即便未来几年油气价格前景非常乐观，但上游油气公司却仍然非常需要新的低成本经营模式。2009年以来，美国页岩气产量激增，北美天然气价格却一直处于低位。如今，从美国的致密油生产、石油输出国组织以及非石油输出国组织的产量表现中，我们可以发现，全球石油也出现了同样的情况。英国石油天然气公司表示，即使油价达到80美元，在英国，三分之一的海上开发项目也无法盈利。

勘探与生产需要新的议程

勘探与生产环境已经有所变化，任意一项变化都是可控的，但总体来说，在这种形势下，还是要大胆地采取新的低成本经营模式。就我们对全球潜在资源基础、所有权和主要相关方性质、资源开发的技术和方法以及经济和商业模式的理解而言，油气行业经历了巨大的演变。然而，除了逐渐适应周遭变化外，企业很少在重构和转换经营模式方面下功夫。

几年来，上游企业一直专注于成本和生产率，油价暴跌后，他们也仍然保持着可观收益。无论如何，经营现金流还是无法满足经营成本和未来投资的需要，更不用说为已经使用的资本提供足够回报了。在整个周期内，许多已经取得的成本收益是不可持续的。"唾手可得的果实"虽然已经摘光，但仍有大量工作可以做。

现在，每个企业都必须开始关注经营模式和卓越经营——这些变化在节约成本、提高经营效率方面具有深远意义。但是，谋划改变容易，实施却很难，经营模式的重构很少在整个组织范围进行全方位的实施（显著的例外包括合并后的整合项目、大规模的成本优化项目和其他由事件驱动的项目，它们都具有重要的成本目标）。

经营模式重构是指在强劲增长的同时削减成本——投资最重要的能力，同时在需要时利用第三方的能力。它可以利用人才的创业精神——通过经营模式重构，公司可以对企业员工进行调整、给予员工更多的决策权、让员工来推动企业的改进，在快速取得发展势头和需要做出重大变革或投资的长期努力之间取得平衡。

第二章

新的议程

油气价格走低，油气行业的领导人面临着看似矛盾的当务之急：一方面要削减成本，以应对低油价下的供应过剩，另一方面要对业务需求进行必要的投资，来面对高成本的资源：例如深水项目、非常规油田、油砂以及挑战性的国际前沿勘探。

各公司（和各国）正在做出调整以适应低油气价格，但它们采取的许多措施与投资和可持续增长的长期需求并不相符。让人感到遗憾的是，一些举措是不可持续的，或者说最多只能获得一次性收益，无法在未来的新的产出上形成规模。

新的战略议程和经营模式围绕以能力为驱动的战略，以此降低成本，它能够解决这些看似矛盾的问题，即在投资企业未来的同时，可持续地削减成本。

上游成本转换

上游项目延期、开支削减和供应商让步是削减成本和节约现金的首要手段。但如今，我们正处于重要的成本转型之中，企业和国家正在适应"长期低迷"的价格。能够给企业带来最大影响和价值的方案不仅是大额支出项目，还是*在整个周期内可持续的、针对单位产量的有规模效益的计划*——即有效的单位成本，而非阶段性成本（见图2.1）。

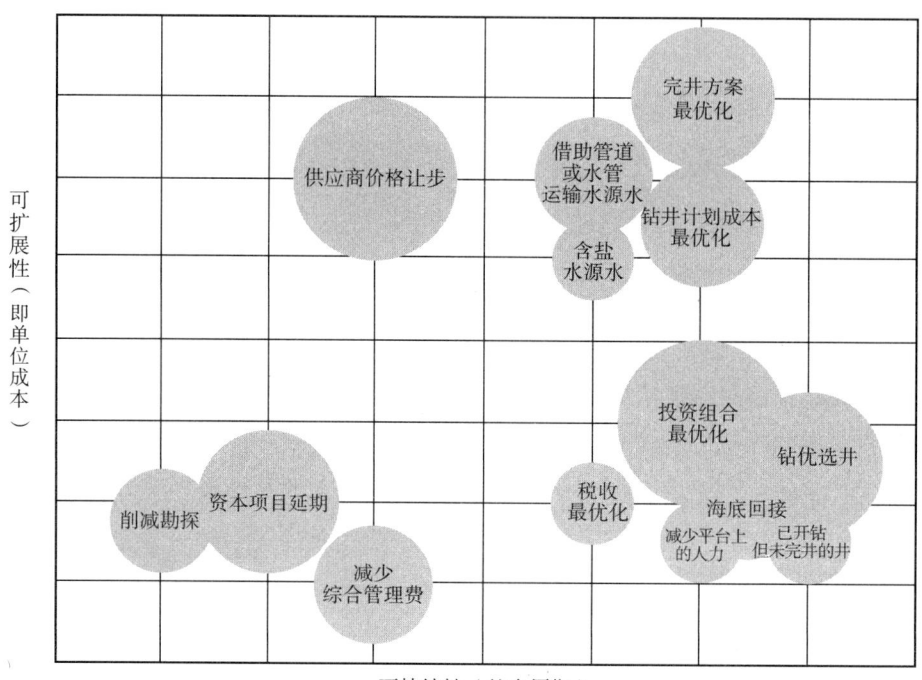

图 2.1　上游成本削减

资料来源：埃信华迈。

成本节约的内在价值

在内在价值方面，我们可以推导出一个"捷径"估值倍数以接近成本节约的现值，这个成本节约与完全可持续措施相关，具体如下：

永久性成本降低的现值 = 成本节约 ×（1− 税率）÷ 折现率

= 成本节约 ×（1− 40%）÷ 10%

= 成本节约 ×6（即估值倍数约为 6 倍）

我们利用这个框架来阐释一些举措的内在价值，比如说永久但一次性的税收优化，或者是钻之前的已开钻但未完井（DUCs）的完成情况。到目前为止，许多大额的收益——如供应商让步（致使美国油服公司破产）——并不能保持一个完整周期。钻井平台利用率快速回升，服务定价也要恢复，这样才能保证可持续的盈利水平。

不可持续的削减（例如，图2.1中的左上象限和左下象限）不能被视为长期成本削减，因此需要远小于6倍。在某些情况下，它们不可持续也无规模效益，可能根本不需要倍数加乘。

为了保证溢价估值倍数（即，大于6倍），我们不仅要保持可持续性，还要兼顾可扩展性——这样的话，随着企业成长，收益能够继续在更大范围内复制。一般来说，可扩展性通过与生产的单位成本相关的收益实现，而非通过阶段成本实现。图2.1中，右上象限的工作提供了溢价倍数，例如规模化钻井成本降低或生产力提高。

到目前为止，一些最大额的收益——比如优先钻优质井——可持续但扩展性不足。优先钻优质井受限于最高质量核心区域的面积，因此，它在整个投资组合中不具规模效益。其他的情况，例如大幅削减勘探费用或开支，都属于阶段性成本，而非单位成本。就其本身的定义而言，资本项目延期既不可持续也不具备扩展效益；虽然它们可以在保存现金方面发挥重要作用，但它们并不能保证使其对内在价值的贡献接近乘数。

优先钻优质井

钻井活动大幅减少，优先钻优质井的出现缓解了供应方面的影响。美国大部分新油井的开钻活动都收缩到了西得克萨斯，尤其是在二叠纪盆地（Greater Permian Basin），该盆地石油储量丰富，成本也相对较低，而其他的区块则闲置了更多的钻机。在美国巴肯和鹰福特油井生产率较高的核心区域，已开钻但未完井的油井数量减少，钻机的数量虽然很少，但新增产量仍然很大。鹰福特的15个活跃县中，只有3个县的油井性能较好。

2016年的资本使用效率比2015年提高了约65%，这主要归功于对高质量核心面积的关注，以及先进的钻井设计和完井技术，这些技术可以带来生产率的显著提高。在大多数区块的较好区域，尤其是海恩斯维尔、二叠纪盆地和马塞勒斯，支撑剂的强度持续增加。然而，作业者却喜忧参半，生产率的提高通常在最佳点戛然而止。这些收益似乎可持续可扩展，但只针对于核心区域。

调整优先级（以适应期货价格）

除了优先钻优质井之外，作业者还必须重新考虑其机会集合的优先级，以适应不断变化的期货价格曲线。如果美国西得克萨斯中间基原油（WTI）和亨利港（Henry Hub）天然气价格下跌50%，我们将会面临非同寻常的钻井经济性问题。就像作业者、投资组合和能力决定了最佳策略一样，同样，价格环境也会决定最佳策略。

在高油价下，油田中最重要的成本是放弃生产的机会成本，而钻井成本和面积的相对质量则不是那么重要，因为除了最坏的情况外，净现值（NPV）在所有情况下都为正。高价格环境下，巴肯、鹰福特和尤蒂卡相对较高的初始生产率（IPs）极具吸引力。高昂的价格下，*钻井交付变得十分关键*，这推动了承包商对于精益生产的广泛兴趣，并指导上游服务外包，以确保其可用性。

在低油价下，不同区块（如二叠纪）的经济效益更具吸引力（见图2.2）。重叠的地层和较浅的地层可以降低钻井和完井成本，而地下风险、现有基础设施和井口差价也对二叠纪油田产生了经济效益。二叠纪油田的作业者已获得良好的30天初始生产率（IP），如果再加上钻井与完井（D&C）的成本节约，2016年的资本收益将是2014年的两倍多。另外，沃尔夫坎普、骨泉和斯普拉伯里等子区块也引起了华尔街分析师的兴趣——不仅仅是区块的占地面积，还有与这些区块相关的服务和中游资产。

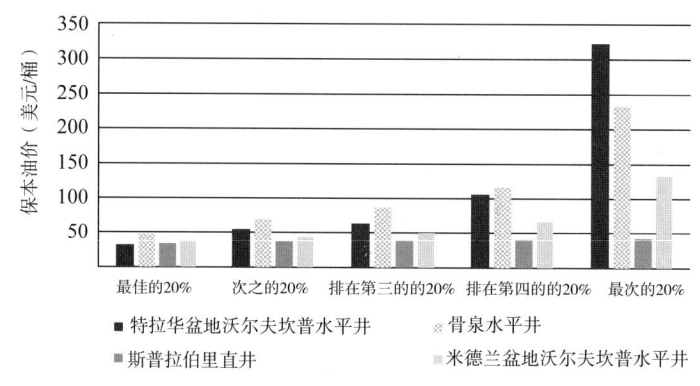

图2.2　二叠纪盆地子区块的收支平衡油价

资料来源：埃信华迈。

服务外包，是为了在成本或生产率方面获得收益（例如，通过专业化获得更多专业技能、通过规模经济或更高的利用率来获取效率），而不是简单地确保可用性。租赁钻井必须满足多井平台钻井（MWPD）的效率和更高的生产率，尽管开发过程中自然会有一些"已开钻但未完井"（DUC）的存量，但必须努力精简资产负债表，尽量减少不能产生现金的资本投资（尽管远期价格投机依然存在）。

然而，最好的区块往往也是最差的区块——特拉华州的沃尔夫坎普页岩拥有最好的盈亏平衡（约为32美元一桶），同时也拥有最差的盈亏平衡（316美元一桶）。这点和骨泉非常相似；因此，特拉华盆地在成本曲线的两端都优于米德兰盆地。

垂直井在经济效益上仍然很具吸引力，斯普拉伯里最好的垂直井几乎和特拉华州沃尔夫坎普页岩最好的水平井一样有吸引力。此外，斯普拉伯里垂直井的经济效益似乎具有更低的地下风险，即使是最差的20%，也能打破每桶40美元的水平。

值得注意的是，二叠纪盆地中最具吸引力的次级区块的非核心面积，其经济效益远不如其他区块（如丹佛-祖勒斯堡盆地、鹰福特或巴肯）的最优区块。作业者很清楚这一点，因为这一点，我们可以在依欧格能源公司、先锋能源服务公司、加拿大能源公司等公司之间看到各自关注的区域非常不一样。因此，当先锋能源服务公司（Pioneer）暂停在鹰福特的钻探工作，转而在米德兰盆地增加钻井平台时，加拿大能源公司（Encana）❶则将他们的重点放在了新墨西哥州的北骨泉。

财税条款

作业者的成本结构在很大程度上都依赖于财税条款——矿权使用费或税收（R/T）财税计划和产品分成协议（PSA）财税计划——以及它们对成本回收的处理（包括资本支出和经营支出）。通常来说，PSAs的开发成本增长风险是最低的，但也并不绝对。因为成本全部都被回收，因此，PSAs拥有着最高的回收率——每年的生产成本回收上限决定了回收的期限（例如，100%回收成本所需时间少于15%回收成本所需时间）。通常来说，R/T回收成本较低——在R/T制度下，产生的成本一般只

---

❶ 现已更名为Ovintiv油气公司，本书中统一使用原名称。

通过较长时期的税收减免进行部分回收。税收较低、折旧周期较短、产生的成本回收也比较少，因此，承包商在低税收 R/T 制度下比在完全回收的 PSA 制度下更易受到资本支出增加的影响。当石油生产国面临财税困难时，它们会考虑进行修改制度，以确保大型项目的正常运行，同时吸引新的投资。

战略导向型的成本转型

主要的绩效改进计划也可以通过改变经营模式来降低成本，如优化组织结构、业务流程和决策权来适应资产组合的管理需求——早期经营资产、后期经营资产和非常规油田可能各自都具备最佳经营模式设计。这就有可能导致混合公司投资组合的低效率问题和绩效问题。

成本转型以战略为导向，一方面，勘探与生产公司需要辨别自身最关键的能力，另一方面，他们还需要将这些能力清楚地组合在一起——这不仅仅是核心能力或技能的合集，而是那些数量上很少的元素结合在一起，创造了能力集群，定义组织如何开展竞争。例如，对二叠纪油田作业者来说，压裂高度测量和管理、更高效地管理含水率、优化压裂段距和井距这一系列地下能力至关重要。这些能力可以定义作业者的未来理想状态，从而借助项目办公室、模板、效率/生产率基准，引导革新项目的传统进程。对于理解初始组织、花费和能力来说，基线操作至关重要。从基线到未来状态的过渡计划明确了公司有效和高效降低成本的独特蓝图。勘探与生产作业者正在削减成本，但他们中大多数都没有使用以战略为导向的流程来实现这些成本削减，而这些流程则是围绕着它们所必需的能力来进行的。

成功的变革需要系统性地在人员教育、培训以及商业或经济素养方面进行大量投资。需要教育人们为何改变，告诉人们改变如何为他们和其他股东带来收益，告诉人们他们所做的事情对项目和企业的成功影响深远（即他们所能够想到的事）。在追求成本节约的过程中，降低健康风险、安全风险和环境风险对行业来说至关重要；对许多组织来说，或许他们应该增加这方面的开支而不是减少这方面的开支。

"削减成本，发展壮大"

几年前，我的三位商业伙伴出版了一本精彩的书，讲述了企业如何同时满足短期成本削减和长期增长投资这两个看似相互竞争的需求。消费品公司快速发展，基于几十年来与这些公司的成功合作，那本书的作者们反对全面裁员，因为那样会把痛苦"分散"到各个业务部门，但全面裁员至今都很常见。这种策略之所以普遍，是因为这样做可以尽量避免政治内讧，而且操作简单，看起来也很"公平"。新的成本削减方法由一种叫"能力驱动战略"的方法指导，它包括识别和加强关键能力，与此同时，将那些不能反映公司实力、需求以及长期目标的能力结合起来。

勘探与生产中有三大关键又互相依存的元素的迭代优化：策略、资产组合和经营模式，我们可以将这种方法应用于勘探与生产环境。经营模式必须符合并支撑策略，同时策略也必须要适合资产组合，而资产组合根据经营模式提出的组织能力规定企业的必要需求。

勘探与生产的能力导向型战略

勘探与生产公司既能面对油气价格下降带来的挑战，也能为公司的未来打下坚实基础。成本挑战是识别和加强战略能力的机遇，同时去除那些无法反映出关键优势、组织需求或业务目标的能力。这将使企业更有能力应对艰难时期，在复苏开始时更具活力。

不幸的是，对于哪些关键能力需要加强，行业的传统做法要么是直接给出宏伟但不切实际、方方面面都"顶尖"的理想，要么是对行业的银行家、顾问、专家和权威人士提出的一刀切解决方案全盘接收。

举个例子，有一些观点认为，必须要重构作业者的策略和能力来减少或去掉那些花费大、风险高的大型项目（如深水、油砂、北极海底天然气水合物）。他们认为，既然全球大多数最低成本的传统资源都是由国家石油公司控制，那么，唯一可行的策略就必须着眼于陆上非常规油气。在目前的油价环境下，在北海或墨西哥湾花费1亿美元钻一口井,如果枯竭,成本和风险都很大,还不如"在已知有石油的西得克萨斯大量钻井,每口只要几百万美元。"

但是,每个作业者的策略是不一样的——他们有独特的组合,因此并不是每一个作业者都需要相同的能力。比如说,深海石油价格昂贵并且风险很高,但在2005年到2014年在美国以外发现的油气中,约有70%是海洋资源,其中约有一半是在深海(大于1000英尺)发现的(1英尺=0.3048米)。此外,考虑到7家规模最大的国际石油公司(包括挪威国家石油公司)的现有资产组合,到2020年,它们65%的新生产能源将来自海洋,其中有一半来自深水。这将会是一项艰巨工程,但总有人要做这件事,鉴于国际石油公司的投资组合和资产负债表,它们可能是最适合这项工作的企业。

资产组合

经营者的战略必须要和投资组合相匹配。虽然在通往未来理想投资组合的过程中存在变化,但我们仍然认为:不是每个作业者都可以完全改变其投资组合,以适应理想化战略的。西得克萨斯的面积并不能满足所有人的使用需求。

> 作业者不能仅仅出售那些效益不佳的资产(例如,高成本和/或低初始生产率),而只收购效益丰厚的资产(例如,低成本和/或高初始生产率)。当今世界,买家和卖家数量众多、信息获取途径广泛、贴现现金流建模能力普遍,资产的可取性应该在交易价格中得到充分的体现。有吸引力的资产价格抬高,不具吸引力的资产价格打折。换句话说,购买有吸引力的资产可以是零净现值的,它只是提供了一个机会,让你在一段时间内赚回自己的钱;资产负债表会按市值计价,因此,*出售缺乏吸引力的资产可能会使情况越来越糟*。
>
> 每项资产对其天然所有者而言是最物有所值的——拥有和其能力匹配资产最多的企业就是最强大的。勘探与生产投资组合面临一系列的挑战,需要确定每种资产所需的能力,了解潜在的天然所有者,在合理的资金和能力的实际约束下,确定企业未来的理想状态组合,构建和加强未来状态投资组合所需能力的蓝图。

那么，如果作业者遇到了问题，他们应该怎么做呢？高管们经常面临投资组合决策：哪些资产需要开发、哪些资产需要削减、哪些资产需要出售。传统的看法可能是加大对"*明星*"或有吸引力资产的投资，而对表现不佳或没有吸引力的"*瘦狗*"则拖延或出售。但几年前，我的三位同事在实证研究的基础上发表了一篇颇具争议的论文，证明了这种传统观点完全错误。在许多情况下，作业者可以通过改善表现最差资产的经营情况或"爱上你的瘦狗"来创造更多价值。该研究得出以下建议：

- 挽救那些表现不佳或没有吸引力的资产会产生意想不到的股东价值水平，这表明，扭转低估的资产就类似于扭转被低估的公司。
- 改善经营是增加价值的重要杠杆。"饿死瘦狗"并不是一项能够创造股东价值的好策略；总的来说，帮助表现不佳或没有吸引力的资产充分发挥其潜力，让它具有更大的潜在价值。
- 购买表现不佳或没有吸引力的资产通常比购买那些极具吸引力的资产更有价值。为一项完全有价值的资产增值是一项艰巨的任务——尤其是考虑到为诱人的土地而支付的溢价。这也就可以解释为什么这么多企业收购都没能为收购方股东增加价值。

这些发现都强调了作业者需要设计一个过程来识别和加强关键能力，同时削减那些不能反映他们的优势、需求和长期目标的能力。

经营模式和组织能力

组织能力是企业的命脉。在勘探与生产部门，组织能力包括优势资产，比如面积。很明显，地下资源的组合仍然是一大困惑。理想情况下，这些将是"优势"战略资产，适合核心业务的最佳优势，但如前所述，情况并不总是如此。优势资产包括用于寻找和开发的生产设施、设备和其他资产。

但是，勘探与生产企业的组织能力远远超出了优势资产——组织能力还包括专业知识等无形资产。米切尔能源公司的案例及它早前在巴奈特非常规资源商业开发中的地位说明了这些组织能力到底有多重要。

经营模式塑造了组织能力——包括人力专长、技术能力和财税资源——用以执行企业的核心功能（例如勘探、去风险和开发、上游供应链采购、生产、中游、商业、贸易）。像经营模式体现的一样，关键能力及其相对重要性的精确列表是由企业战略、优势资产和战略的实现所决定的。这种战略、资产组合和经营模式的协调是实现以战略为导向的成本转型的第一步——在这个过程中，识别和加强关键能力，同时削减那些不能反映公司优势、需求和长期目标的能力。

降低成本和增加产量的六种方式
（以能力驱动发展战略）

随着油气行业的发展，勘探开发策略、资产组合、组织能力和经营模式也需要相应调整、优化和更新。通过对经营模式的再设计，以实现工作流程的简化和产能的提高。为了适应不断变化的商业环境和全球资源条件，企业的经营模式需要更强大、更具定制化的核心能力。为此，我们确定了以下六种方式，这些方式将帮助企业运用能力驱动的策略来降低成本和增加产量。

识别和加强关键能力

难度更大、技术上更具有挑战性的油气开采在全球油气市场中占有越来越大的比例，同时也扮演着更重要的角色（例如：越来越多的油气产量来自致密油气藏、超深水、开发后期的成熟区带、三次采油、油砂等）。由于油气行业不断追求更高的技术含量以及对更低质量油气藏的开发需求，因此通过高科技手段所采出的油气在油气市场的占比持续增加，也对油气市场的定价起着至关重要的作用。此外，这些都是在原油价格长期走低且波动较大的背景下发生的。

因此，我们看到一些作业者越来越多地集中对一些需要更多特定技术条件的少数区块进行开发,以便他们能够成为"区域专家"。越来越多的"区域专家"是具有很大规模的独立公司,他们具有本地作业的灵活性。合作和外包可以更好地利用外部资源的专业能力(包括资产、技术和专业经验等)。上游服务、技术采购与合作的增加和演变都反映出目前油气公司对更加深入和多样化的技术能力的需求。

■ 案例研究:致密油专家

在致密油和页岩气开发方面,对于优秀的作业者来说,增加产量和储量的方式主要有:开发认知程度高、开发难度低的页岩;开发致密的常规油气藏和优质成熟的常规油藏。这需要部署和优化针对不同区域的*特定专业经验和技术*。上述作业者的钻井包括在多个油气系统中的直井和水平井,开发方式包括多级水力压裂或者非压裂。世界领先的钻井和完井水平对于成为"区域专家"至关重要,同时其他几个关键要素如图 2.3 所示。

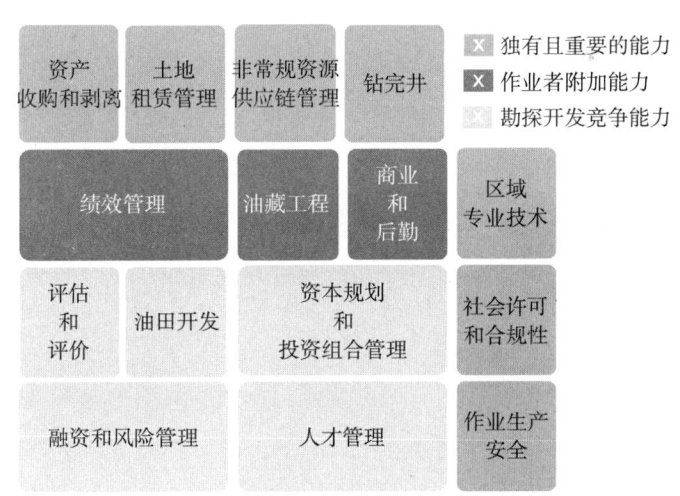

图 2.3 致密油和页岩气开发的关键能力

资料来源:埃信华迈。

上游能力的调配、选取和运用涉及供应商和总部之间的抉择。有些公司可能会专注于总部的专业经验和技术能力运用的广泛性,但也可以借助油服公司获取当地的专业经验和针对特定地区的"*相关技术*"。

特定地区的"*相关技术*"对致密油井和页岩气井的经济性方面起着至关重要的作用，特定地区的"*相关技术*"在连续相邻区块中的应用所带来的协同增效应使得作业者从中受益匪浅。

例如：

- 更长的水平井段。
- 更多本地次级盆地的经验提升了钻井和完井优化的效率。
- 减少租赁区块边部的浪费（例如：最小主应力的钻井方向）。
- 更大限度地利用租赁区块。
- 更多的多井组钻井和租赁钻井。
- 实现钻井的更大自由度，从而优化钻井和完井计划。
- 在服务合同议价中获得主动权。
- 提高运营效率，降低作业费。

聚焦于结构性成本和周期性成本

在持续波动低油价所带来的颠覆性变革的影响下，以成本和产能相结合（桶油成本）作为驱动导向，上游发展战略急需发生转变。

但是，勘探与生产行业对成本压力的传统反应在整个价格周期既不具有*持续性*，也不会扩大生产规模从而增加产量（见图 2.4）。对供应商盈利空间的持续挤压使得其处于濒临破产的边缘，这种方式并不可持续。同时，这种行为也会在行业反弹时，使供应商的供给能力短缺。预计到 2020 年，随着油价缓慢回调以及服务供给需求的增加，这种不可持续的"周期性"降本方式将不再适用。此外，通过不可持续的"周期性"降本所获得的短期收益往往与公司的战略和长期目标不符。例如：增产、储量替代以及充足的资本收益回报。

对*结构性成本的再设计*可以较大幅度地降低成本和提高产量。例如：通过改变运营机制和优化工作流程，简化减少浅水凝析气平台的工作人员数目，从而减少停工停产时间，降低了 70% 的作业成本以及降低了 3% 到 4% 的投资成本。

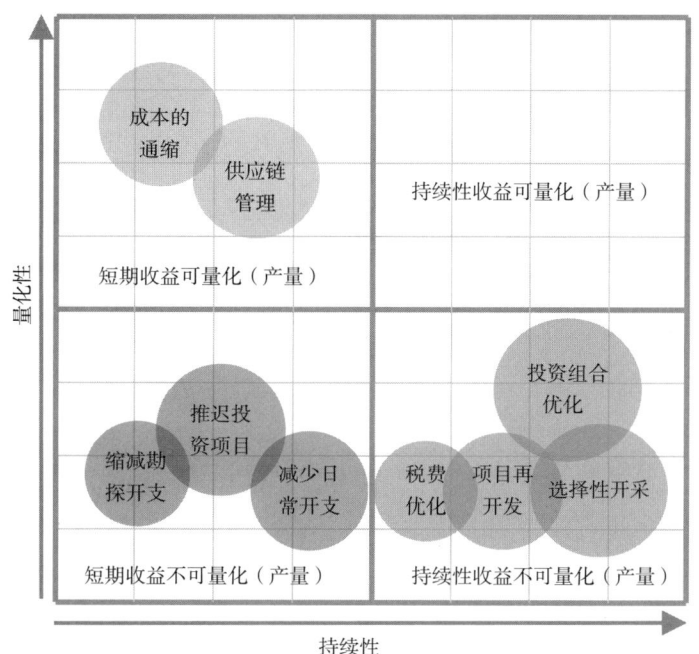

图 2.4 不同的措施活动带来不同的成本影响
资料来源：埃信华迈。

另一个实例是最大限度地提高采收率，一些案例中通过利用新技术和新的合作伙伴制定解决方案从而使得采收率大于80%。进一步说，*技术与成本紧密相关*，我们处于一个"高科技"的产业中！

■ 案例研究：加拿大油砂专家

加拿大油砂专家通过部署和优化区域性专属的经验和技术，以达到可持续性的降本和可量化的增产。为此，三大加拿大油砂公司联合进行技术研究，推动矿权费的减免措施，以推动行业转型。分析指出，通过一些新技术的应用，成本减低多达50%，减少排放高达80%。

自全球油价暴跌以来，一系列的举措到目前已经取得了相当大的进展。例如：未固结砂井段的水平长度已经从 700～800 米增加到 1400～1600 米，使得井的产能翻了一番，并将地面设施减少了一半。

此外，创新开发的溶剂辅助–重力泄油（SA-SAGD）工艺通过注入冷凝物或丁烷减少了所需的蒸汽量，从而将沥青生产成本降低了15%~30%（低于30加元），并减少温室气体（GHG）的排放。新的流量控制装置正被用于实现更好和更有效的井口布控和蒸汽控制。采矿的卡车正在配置自动驾驶技术，使无人驾驶卡车车队能够全天候经营。

Suncor和加拿大自然资源有限公司（CNRL）表示，设备作业费目前为每桶20加元，比几年前的每桶30加元更低，目前正在致力于把作业成本降低到每桶20加元以下。

采用更好的对标模式

上游行业的一系列变化向原有的对标模式提出了挑战，急需重新审视传统的对标指标和对标群体，重新考量对标指标的选取以及对标指标的重要性。上游勘探开发的条件和成功率都已经发生了改变，上游投资策略和资产配置正在向新方向发展，适应这种"新常态"需要新的方法。例如：私人持有的独立公司LLOG采用"统一设计、批量应用"的商业模式，将相同标准的浮式生产装置（FPS）的设计应用于其大多数的资产项目中，在平台安装之前进行预钻井和完井，从而加快了项目的进度。

一些成功的深水作业者现在更加专注于美国陆上项目，他们的勘探成功率可能会受到陆上甚至浅水勘探活动的影响。此外，随着投资回报紧迫性的增强，为获取更高的勘探开发成功率，对重要对标指标的选取、调整愈发变得谨慎，比如将新增可采储量与新发现井数进行对标（见图2.5和图2.6）。例如：以产能作为衡量指标，埃尼公司的勘探成功率远高于其他公司。

成功不仅取决于作业者和承包商之间的执行力，还取决于油藏团队、管线流通保障团队、水下团队、井设计团队和管理团队之间的有效协作。例如：在美国墨西哥湾深水开发项目中，壳牌重新设计其Vito项目进行最终投资决策，预期盈亏平衡价格低于每桶35美元。相比最初的设计方案，通过简化设计以及与供应商在各个环节的合作（包括将井的设计、完井、海底、承包等），成本降低了70%以上。

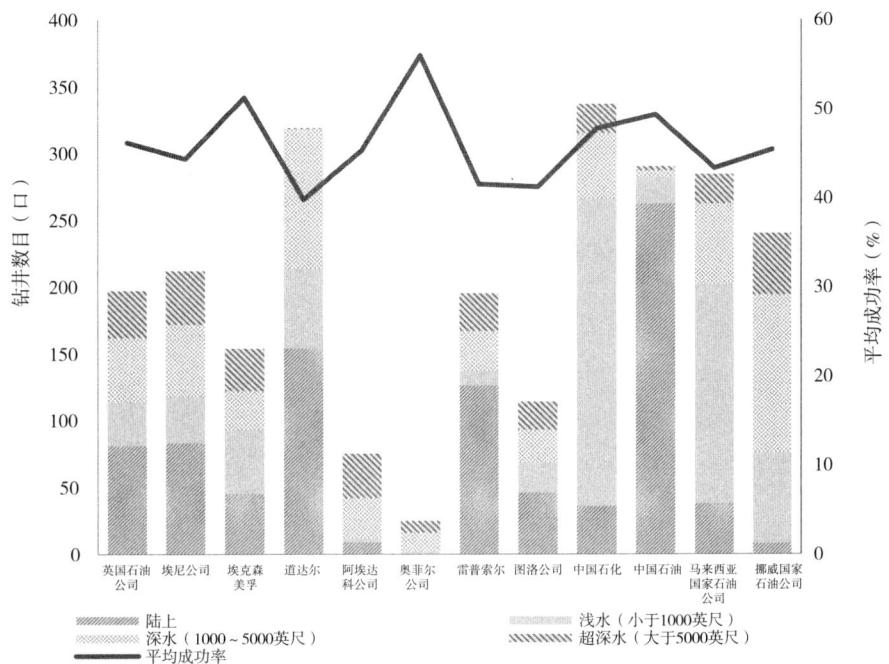

图 2.5　常规资源新发现井数目及相应成功率（2010—2018 年）

资料来源：埃信华迈。

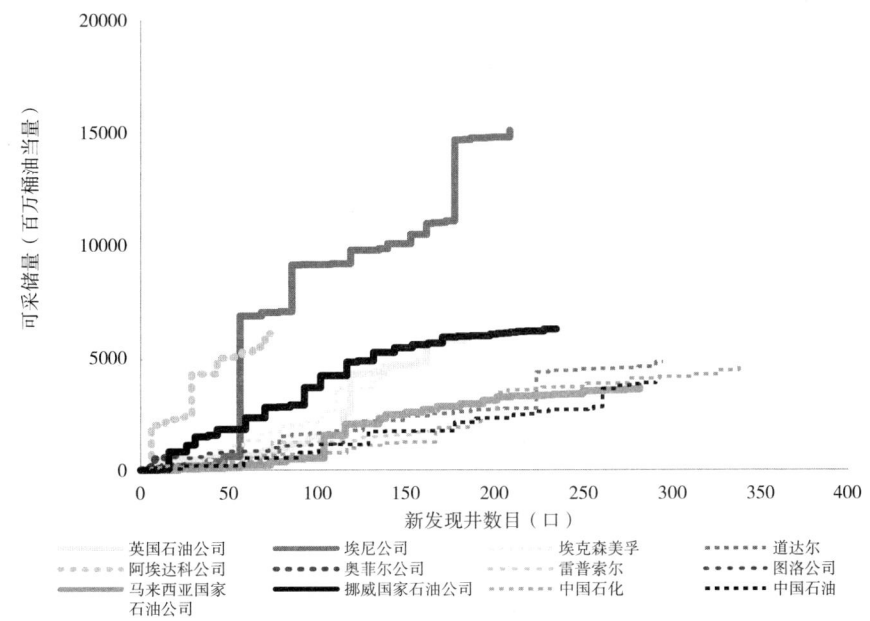

图 2.6　常规资源新发现井和新增储量（2010—2018 年）

资料来源：埃信华迈。

在深水开发中,历来的惯例是简单地从工程总包合同（EPC）的角度来确定最佳类别,仅仅通过新油田的成本花费和开发进度作为衡量标准,而不考虑其规模或经济性。但近年来,海上油气开发发生了很大改变,新的经营模式正在形成,包括更多老油田的重建,更多地使用海底海管回接技术和利用现有的设施设备,油服行业内的联盟和兼并,以及更全面地通过已建立的合同和供应商来贯穿整个项目生命周期。

例如：在壳牌最近的一次投资方案（FID）中,为了减少资本支出,提高项目经济效益,大量使用了水下生产系统回接和利用现有基础设施的开发方式。Brent Charlie平台停产时的Penguin油田重建再开发将成为壳牌近30年来在北海北部的第一个新型人工装置。新钻的另外八口井将与一艘新建的浮式生产存储卸油船（FPSO）相连接,天然气将通过已有的海底设施和其他管道设施连接进行输送。重新开发后的预期盈亏平衡点低于每桶40美元。

■ 案例研究：北海"油田开发后期"的专家

北海"油田开发后期"的专家通过部署和优化区域性专属的经验和技术,以达到可持续性的降本和可量化的增产。他们着眼于区域振兴,促进新老油田组合（例如：壳牌Penguin油田的再开发,挪威国家石油公司的Johan Sverdrup再设计以及道达尔的Shetlands的再开发）,此外还采取了"区域寿命规划"。"区域寿命规划"涉及四个关键点：减低作业成本、延长项目的生命周期、利用现有的基础设施和降低弃置成本。

例如：通过远程技术可以降低人员成本,并延长正常运行时间,更好地利用监控和数据采集（SCADA）进行生产优化和维护,以达到高效经营。通过部件和采购规范的标准化,对现有基础设施的使用和重新利用,例如水下回接和广泛使用模块化预制,减少了资本支出。此外,通过压缩机组运行的实时优化和井间生产分配（如由于塞流、气体锥进、水突破、盐或水合物的沉积堵塞等影响）提高产能和采收率,延长油田的寿命。运营方面,还可以通过油井监控和返工来清理井眼中的积砂使油井恢复生产（例如降低流量和地面压力）,以及通过在海上安装大管径的镀铬的速度管柱进行排液生产。通过对井下油藏数据和设备数据的分析，进行酸化、压裂、再完井、部署加密，提高、增加采收率从而延长油田的的经济寿命。同样，相邻油田的开发以及资产和基础设施的重新利用，降低了资本支出和运营成本，延长了油田的寿命。

优化成本，而不是最小化成本

当降低成本或着标准化的举措实施空间过于狭小时，往往事倍功半，从而导致次优结果。

■ 案例研究：蒙特尼盆地

致密油和页岩气的生产具有低产量和高递减率的特征，因此井的经济性取决于井的成本，钻井费用和完井费用是致密油和页岩气在生产过程中最大且最重要的支出类别之一，它包括钻机租赁、钻井队、井设备、消耗品、材料等，但不包括井场准备成本（一个井场通常包含很多口井）和下游基础设施（管线和处理设施）。井成本的驱动因素包括每年钻的总井数、钻井总天数、单井钻井周期、井平均总垂深（TVD）、水平段长度和总深度（TD）、钻机日时效、单位深度成本和每一千英尺水平段的成本。由于井场条件各有不同，我们建议使用统计分析的方法来筛选和评估数据，并对关键指标提供P50、P25和P75的范围（见图2.7）。

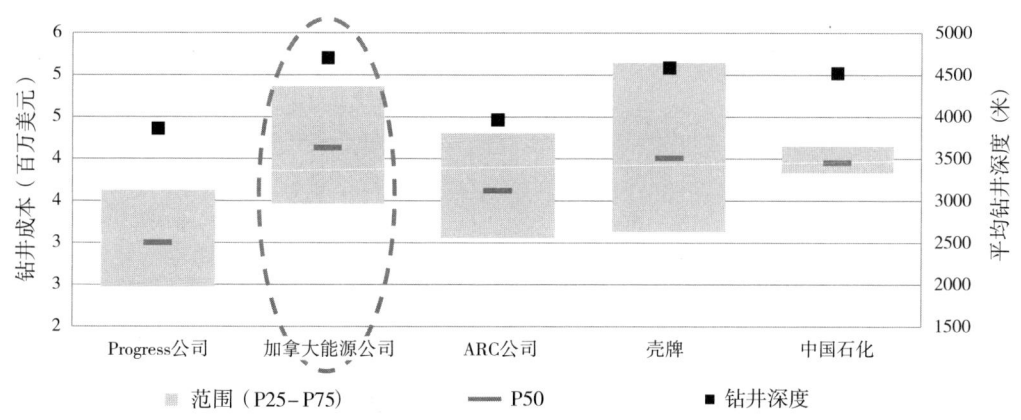

图2.7 蒙特尼盆地不同作业者的钻井成本

资料来源：埃信华迈。

图 2.7 显示了主要作业者在蒙特尼页岩区带的钻井成本分析，根据 IHS Markit Accumap、ENERDEQ / Performance Evaluator 的数据以及第三方的成本数据和政府监管数据对钻井花费进行预测评估。在所记录的 15193 条钻井数据中，Barrick Sturlks 15-25-68-22 是该地区完钻的第一口井，于 1955 年开始钻探。从 2000 年起，共钻 8327 口直井、斜井和水平井，其中 6794 口是开发井（包括 5733 口水平井），其余的是探井、评价井、注入井和侧钻井。该统计数字不包括已开钻但未完井的井或者废弃、关闭、暂停以及用于测试的井，该数据也没有涵盖没有有效钻井日期和钻井深度的井。最后只有 5307 口水平生产井有有效的数据和信息。

然而，一味追求钻井成本的*最小化*是错误的目标。因为水平段长度、压裂级数、支撑剂用量和裂缝宽度的增加都会使钻井成本提高，但同时产量也会增加（见图 2.8）。蒙特尼的钻井成本从 P25 到 P75 的范围变化很大，最低为 Progress Energy（Petronas）公司——单井花费 290 万美元，最高为壳牌公司——单井花费 510 万美元，主要作业者的平均单井花费大约在 300 万到 400 万美元之间。然而，蒙特尼的钻井总深度范围跨度较大（1500 ~ 6500 米），最多需要长达 100 天的钻井时间。此外，钻机效率（钻井深度 / 钻井天数）的范围从最低 67 米 / 天（壳牌）到最高 205 米 / 天（加拿大能源公司）不等，这些作业者的平均钻井效率为 109 米 / 天。相比分析单井成本，选取每米成本（或每千英尺水平段的成本）作为对标指标（见图 2.9）更有意义。

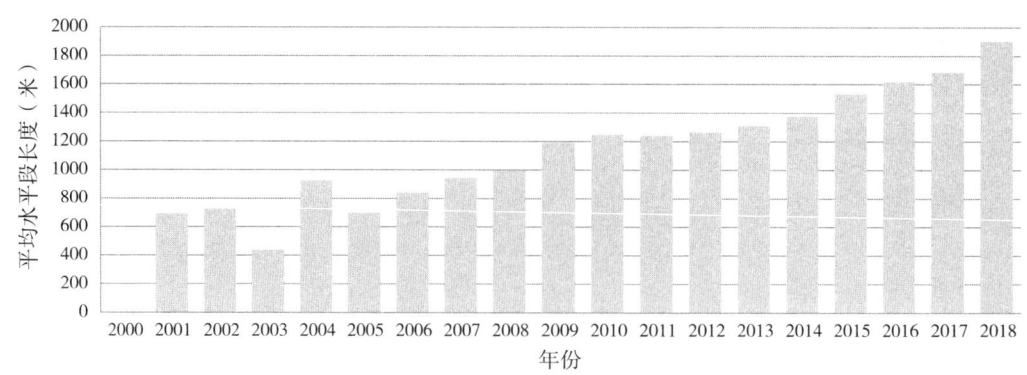

图 2.8　蒙特尼盆地钻井平均水平段长度

资料来源：埃信华迈。

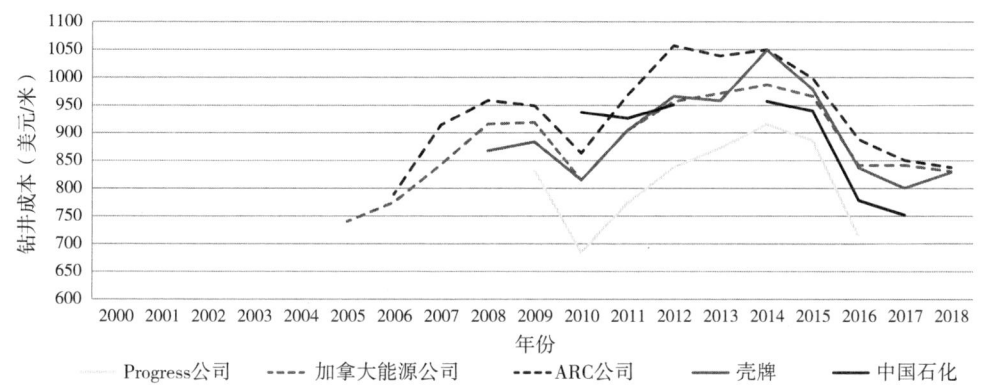

图 2.9　蒙特尼盆地 P50 单井钻井每米成本

资料来源：埃信华迈。

然而，每米成本同样也会带来错误的引导，增加的压裂级数、压裂裂缝的尺寸以及使用更多的支撑剂会使得钻井成本增加，但与此同时，产量和最终采收率也会得到提升。即使是那些优秀的作业者，每口井的产能表现也有很大不同。图 2.10 给出了蒙特尼盆地主要作业者的产能数据，以每千英尺水平段的峰值产量作为计量单位（油气转化比为 20∶1）。

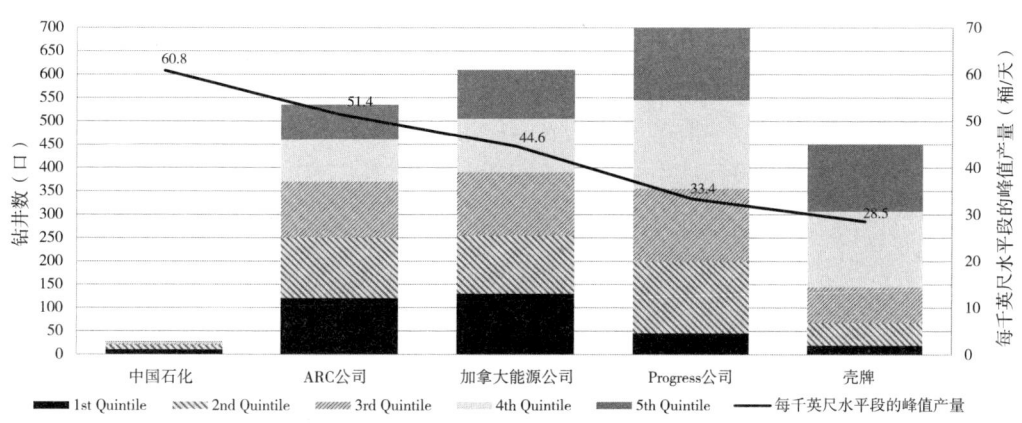

图 2.10　蒙特尼盆地每千英尺水平段的单井平均峰值产量

资料来源：埃信华迈。

此外，作业者通过加长水平段的长度、压裂的级数增加、使用更多的支撑剂，以实现更高的产量和更高的采收率。单井桶油成本比单井峰值日产量或者比单井最终产量通常是一个更合适的衡量绩效的指标。

- 钻井成本：钻井和完井的成本。理想情况下，P50、P25 和 P75 的值随着井深和水平段以及完井方法的变化而变化。
- 每米成本（或每千英尺水平段的成本）：以钻井成本除以水平段长度或总深度（TD）计算得出。
- 单井峰值日产量的成本：以钻井成本除以投产前 30 天的产量（IP30），再除以总深度（TD）或每千英尺水平段长度计算得出。也可以钻井成本除以最终可采储量（EUR）的估算值。然而最终可采储量的估算值比 IP30 更易受到误差的影响。

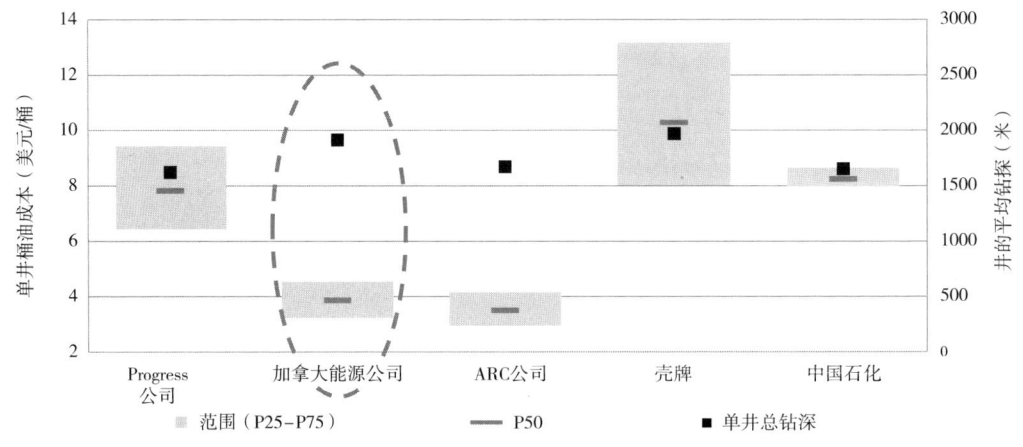

图 2.11 蒙特尼盆地单井桶油成本

资料来源：埃信华迈。

在技术革新上加大投资力度

随着行业的发展，上游的能力（定义为专业经验、资产和技术的组合）也必须随之提升，简化工作流程并优化成本/产能。由于难度更大或技术上更具有挑战性的油气开采在全球油气市场中占有越来越大的比例，也扮演着更重要的角色，我们需要一套更强大、更具针对性的关键能力。

上游技术越来越多地涉及成本，而成本则全部与技术有关。

大多数国际石油公司、国家石油公司和大型独立公司已经推出了大数据分析、数字化、机器学习或人工智能（AI）计划，这些通常是公司总部（HQ）发起的计划。但是，如果想要取得成功，通常需要从*区带或次区带层面进行部署、管理和优化*。因此，技术举措需要盆地/区带或资产层面的团队进行直接参与（非领导层）。以下情况可供参考：

- 处于成熟的、开发后期的常规区带中，例如北海的大部分地区，最大的成本支出是设备、正常运行生产时间、项目生命周期和弃置费。因此，关键技术的应用包括：预测和预防设施维护、减少人员组成、远程井监控、管线流动保障、泵的实时分配/优化、延长项目生命周期的相关事项（加密钻井、海底回接和其他资产再开发等）以及减少弃置成本。
- 在致密油和页岩气开发中，钻井和完井是最大的成本开支之一，也是影响产能的最重要因素。因此，关键技术的应用包括：井场实时优化（井距和井设计）、更快更有效地钻井、优化完井实践（压裂阶段的数量和间隔、支撑剂载荷、水砂比、支撑剂直径和压碎系数、表面活性剂的使用等），使最终可采储量最大化。

从战略的角度来看，如果不是由在盆地/区带或资产层面的团队去推动这些举措，将很难获得成功。这代表了油气行业发生的巨大变化，在更具技术挑战性的盆地和区带中已经非常明显。独立公司已经成为盆地领导者并正在努力成为"盆地专家"。技术可以实现成本再规划和"盆地专家"，它不仅仅是人工智能、大数据、物联网等，更多的是在远高于本地的水平上对盆地/区带基础情况的精通。从戴文能源公司使用基于人工智能的实时钻完井优化到加拿大能源公司的"立方井"设计，本地技术部署和优化是盆地、区带精通和经济成功的关键。

■ 致密岩专家经验访谈

通过访谈的形式，下面列出了低渗透油藏领域专家的经验，不仅阐述了投资技术和专业经验的重要性，更强调了在区带和次区带进行部署、管理、优化的重要性。

"在过去的经济低迷时期，技术和创新对于保护经济是绝对必要的。"

"在钻井方面，'时间就是金钱'，我们钻井越来越高效，成本节约是真实的，成本节省了30%～40%。"

"在完井时，通过改变设计，我们实际上会以更低的成本获得更大的裂缝。"

"我们使用落球系统，并与供应商合作达到50级压裂。"

"我们开始进行基本的岩心分析，不仅要了解岩石的标准孔隙度和渗透率，还要了解实际的孔喉尺寸，以便了解饱和度和储层质量。"

"依据压力和岩石破坏后的裂缝的走向更好地理解岩石机理，我们需要找到各个方向破碎的岩石，我们从实验室和一些微震中得到了很好的信息，我们已经实现了压裂与微震测量实时进行。

"掌握更多岩石特性可以帮助我们制造复杂的裂缝，这会让越来越多的岩石中狭小空间的流体得以释放和生产。"

"当我们改变设计时，压裂时的泵送压力和其他反馈对我们所做的设计调整非常有帮助。"

"完井设计改变的微妙之处在于能够将泵送速度保持在想要的水平，我们在更高泵速的能量下，创造更复杂的裂缝。除此之外，我们正在处理一些独一无二的情况，例如：沙子类型、沙子浓度和泵速。

"我们用更高的速度泵送沙子并保持裂缝打开，以便它进一步进入储层更远的地方。我们依据粒度和浓度选择沙子的类型，并对泵速进行相应调整。"

"更有效地制造一个类似'破碎的挡风玻璃'状的裂缝而不仅是一个裂缝，我们通过增加沙子浓度获得更好的裂缝。"

"用更少的水泵入更多的沙子是我们一直在努力的事情之一，泵入更细的沙子来尝试创造破裂复杂性或者将流体从一个裂缝转移到新的裂缝，从而在压裂阶段早期泵送时创造裂缝的复杂性。"

"加入化学液体会产生化学变化，通过将聚合物放入实际上会阻止新生成的裂缝向其他方向扩展，然后溶解并回流，我们当然更喜欢第一种方法中使用的沙子的浓度和砂粒尺。"

"各种形式的表面活性剂，无论是在工业还是学术界都将成为科学的下一个方向。"

简化标准和技术规范

设计规范、采购规范、上游工作流程和业务流程的简化和标准化，都可以使得降本增产可持续化和可量化。上游的标准使用涉及许多标准组织（例如：API、IEC、ISO、ASME、ASTM、AWS、ISA、NACE、NFPA、IEEE 等），每个标准组织都有自己的技术委员会和小组委员会（其标准通常存在重复性和冲突性）。加之每个公司有自己的内部标准，因此落实到采纳和使用时也有差别。这导致了不必要的复杂性、浪费和支出。这让我们在深水开发中看到了巨大的机遇。

- "硬件"的标准化

标准和规范的采用和简化通常从设备开始。用于简化规范和标准的硬件通常是高价值设备，例如：钻井设备（绞车、泥浆泵、集合管和防喷器等），井口设备（井口、套管阀芯、采油树和阀门等），常用的转动设备（电机、泵和压缩机等）。表 2.1 展示了许多标准，这些标准与很多关键领域有关。

表2.1 各系统的相关标准

系统	区域/组成部分	注解	相关的标准
水下生产系统	采油树	包括阀块和连接器的标准化，允许遵循阀门、传感器和其他项目的标准化。定制化的部分由油藏决定。	采油树锻造 –184
	井口	井口标准化和相近水深的工作要求	井口 –501
管道	管道、配件、法兰盘、阀门、感应加热弯管	制造过程、材料选择和测试方法的标准化	管道 –384 配件 –169 法兰盘 –69 阀门 –328 感应弯管 –9
腐蚀管理	管道系统、配件/法兰、结构、涂层系统、外加电流的阴极保护	零部件材料选择和腐蚀控制方法的标准化	管道系统 –77 配件/法兰盘 –28 构件 –113 涂层系统 –314 外加电流的阴极保护 –253
转动设备	涡轮	标准化以限制成本和提升产能	涡轮 –2059
上部组件	高完整性保护系统	公共和安全重点领域的标准化	高完整性保护系统 –261

资料来源：埃信华迈。

■ "软件"的标准化

在"软件"的标准化中同样存在很多机会，例如上游业务流程和工作流程。表2.2列出了简化和标准化工作的主要流程。

上游项目的技术密集度和复杂性有所增长。根据经营模式（构架设计、角色和职责、业务流程和工作流程）和重大项目交付方面的不同，在盆地/区带的需求和公司能力的基础上，盆地管理者越来越多地进行有差异的调配和管理。

表2.2 简化和标准化工作的主要流程

钻井	完井	工程、设备和安装	生产和运营	生产安全和社会责任	管理和信息
油田和布井计划	完井方式选择和设计	选择和设计、采购，检查、维护和修理	人工举升	社会许可	战略规划与管理
井眼定位	完井实施和操作	设备	油气井运营和优化	健康	能源经济
井身和井口设计	支撑剂和压裂液选取和控制	平台和浮式生产系统	油气井和油藏监测	安全	资产和投资组合管理
钻柱、钻头、钻进	水力压裂	水下生产设备	井间干扰	安保	风险管理与决策
压力控制	完井监控系统	管道、立管和流动管线	生产化学、冶金和生物废弃	环境	信息系统和分析，人工智能和数据使用
压力管理					
钻井设备	完井评估	处理系统		社会许可	
钻井液和材料		存储			
钻井测量、数据采集和自动化		操作、计量和控制			
套管和固井		流动保障			
		天然气货币化			

资料来源：埃信华迈。

■ 案例研究：深水工作流程

除了最初的成本和经济效益之外，深水项目成功的关键挑战之一就是从最终投资决策（FID）到投产的时间很长。推迟的关键原因之一就是在整个项目周期（包括勘探）中，业务流程和工作流程缺乏一致性和标准化。

几年前，壳牌公司从最初勘探发现到最终投资决策（FID）和从勘探发现到投产（分别为5.2年和8.5年）的时间比其他公司（如英国石油公司、雪佛龙公司或阿纳达科公司）更长（见图2.12）。这说明不仅需要关注技术评估的质量和一致性，而且应当缩短从勘探到开发概念选择的周期。对于早期已建成的管道，有大量的深水机会和项目是十分重要的。与许多国际石油公司和国家石油公司一样，壳牌在各个地区拥有勘探和新业务开发团队，负责工作流程、类比数据库、工具和预算（包括成本）等工作，机会成熟后将其推进到开发阶段。大西洋边缘两侧的勘探项目可以从共享项目经验、统一评估方法、统一假设和类比中受益，这样缩短了评估周期。

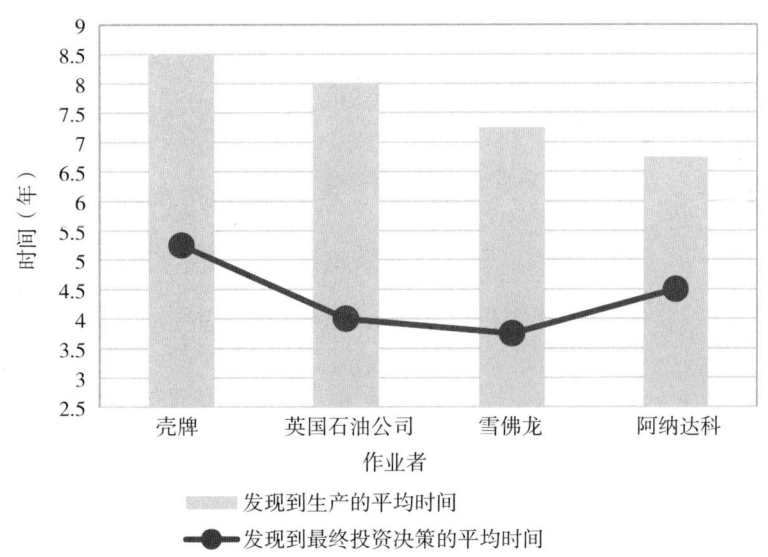

图2.12　作业者从发现到投产的平均时间和发展到最终投资决策的平均时间
资料来源：埃信华迈。

图2.13的框架说明了上游项目有效管理方法和交付流程，首先了解作业环境及其与公司战略目标的联系。资本项目的管理涉及成功作业模式的多个部分，工作流程主要有五个重要因素，如图2.13所示：管理和保障、评估和选择、项目交付（即设计和执行）、资源和能力、工具。

我们首先明确组织的目的，根据行业领先的实践绘制流程架构和工作流程，在成熟生命周期中明确决策部门、角色和责任，通常围绕 RACI 模型构建的角色和职责，以便在项目期间参考。通过初步筛选和全局部署，减少计划的改变。

我们发现对项目组合特征进行分类有助于确保资源分配的合理性，以及作业模式和风险管理的正确性。

最佳实践组织的设计应当适应不同的项目类型、规模、复杂性和风险等。

尽管我们尽最大努力简化和标准化，业务仍然很复杂，而且作业环境往往具有挑战性。因此，公司及其流程和工作流需要高度的弹性和适应性，我们将其称为公司敏捷性。无论设备和工艺标准化如何，钻机效率都会有所不同，停工和停机是不可避免的，因此应急计划和根本原因分析至关重要。

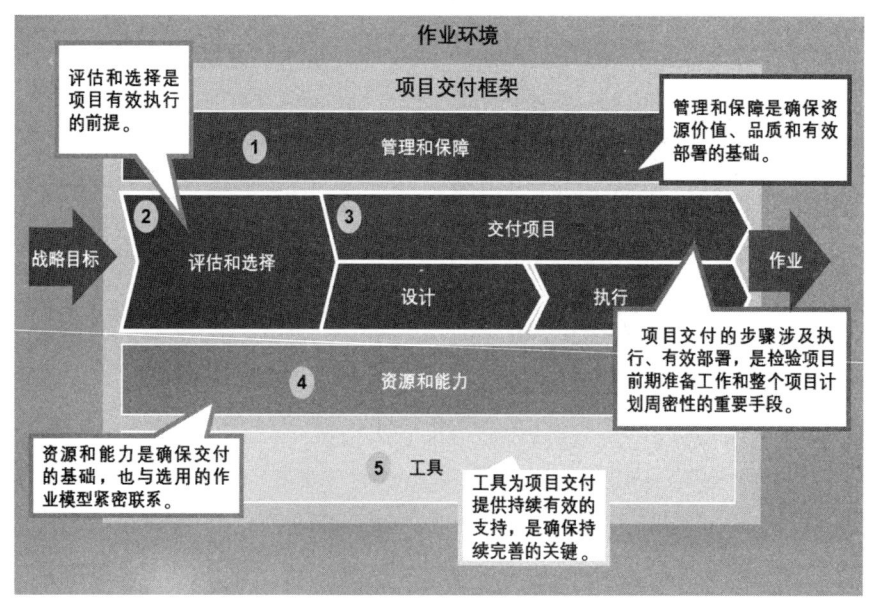

图 2.13　上游项目有效管理方法和交付流程

资料来源：埃信华迈。

例如，IHS Markit EDIN 数据库包含 3980 口尼日利亚海上井数据，这些井都包含有效的开钻信息。最早的钻井是 Orimedu 1 井，于 1963 年开始钻探。自 2000 年以来，共钻 387 口勘探井和 856 口开发井。既有深水井也有浅水井，钻井深度范围为1000～6000米，钻井周期最长为450天。2015年以后（见图2.14），钻机效率（即钻井深度/钻井天数）范围从最大89米/天（Addax）到最小78米/天（埃克森美孚）。将雪佛龙加入对比，三家公司平均钻机效率为82米/天。此外，由于钻探的区域不同，测井的工作量也不同，因此，勘探井的钻井速度和预测性更具挑战性。而且一些勘探井可能是在已有井的基础上进行侧钻，因此钻井时间非常短。

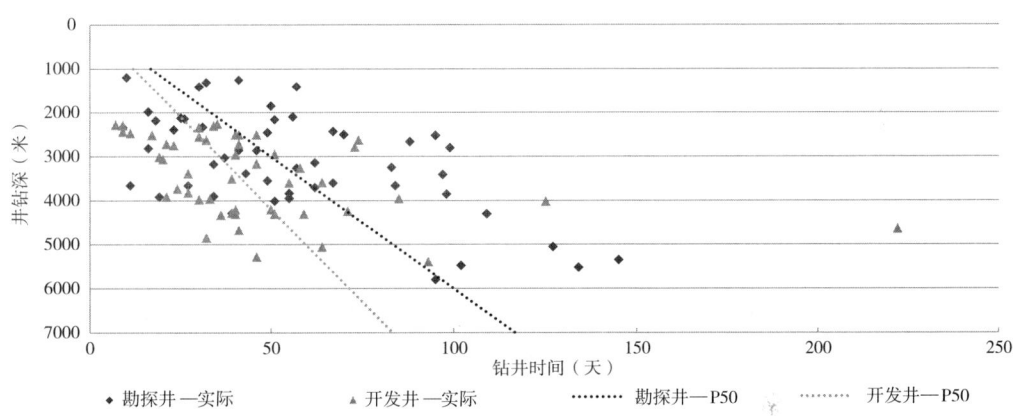

图2.14　尼日利亚深水勘探井和开发井的钻井时间和水平分析
资料来源：埃信华迈。

平均而言，目前尼日利亚深水勘探井的钻井时间比开发井高59%，而且通常具有更大的不确定性。最长的钻井时间是222天，这是一口钻深4643米的开发井。尽管作业者的经验很丰富，作业者对流程的简化和标准化的应用、现代钻井技术不断提升，但在非洲沿海的深水钻井仍然具有挑战和不确定性。因此，必须对业务流程和工作流程进行规划和管理，提供更高的弹性和适应性。

结论

随着难度更大或技术上更具有挑战性的油气开采在全球油气市场中占有越来越大的比例，在油气价格低位震荡的背景下，石油行业必须快速适应新常态、提升水平、简化工作流程、优化生产力。降本增产计划在大多数战略议程中占据了重要地位。

勘探与生产能力

对于油气工业，特别是上游油气工业，最重要的是地质学家、地球物理学家和工程师。很长时间以来情况都是如此，这些企业的领导都是由地质学家、地球物理学家和工程师组成的，他们在进入管理岗位和领导岗位前都是从技术岗位开始起步的。由于战略选择和业务决策被技术问题所困扰和混淆，行业的发展和演变只增加了技术专长在整个企业中的重要性。

组织能力

行业在不断发展，企业的战略议程、投资组合、经营模式和组织能力也必须随之发展。图 2.15 所示的通用模板概述了 16 种上游组织能力——与其说是部门，不如说是能力领域——每个部门都具有自己专门化的广度和深度。例如，地下解释也可以被划分为单独的区域。

组织能力超越了优势资产——包括无形资产，特别是地球科学、工程和其他技术能力。组织能力还包括优势资产——地下资源、生产设施、设备和其他致力于发现和开发的资产。经营模式决定组织的能力——包括人力专长、技术能力和财税资

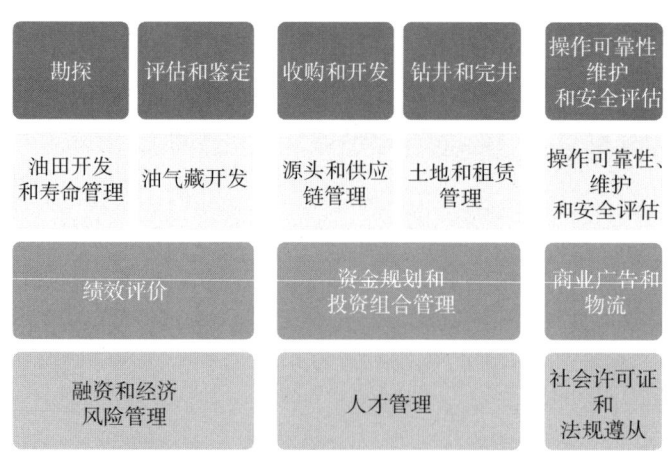

图 2.15 关键组织能力（勘探与生产）

资料来源：埃信华迈。

源——借助这些能力开展优势资产的核心功能。关键功能的精确列表以及它们的相对权重或重要性，是由企业战略、资产组合和经营模式决定的。战略、资产组合和经营模式的协调是识别和增强关键能力的第一步，它同时还可以减少或外包那些不能反映企业优势、需求和抱负的能力。

综合地质能力

油气产业不断发展，以应对全球资源基础、气候问题和其他环境驱动因素、供求因素、税收和监管制度等方面的变化所带来的挑战——我们的战略议程也必须得到进一步整合以便更好利用地球科学、工程和其他技术能力。

例如，利用地球物理进行地下解释可能是研究地下资源最经济有效也是最环保的方法——地球物理勘探方法使我们能够以相对较低的单位成本和最小侵入性的方式获取大量信息。在早期，二维地震采集、数据处理和解释为我们提供了盆地远景评价中区域线的地质信息。这个方法成本效益较高，可以在不钻井和不进行直接测量的情况下了解地下情况。地球科学的不断创新为我们提供了一种更具有成本效益的方法——一种更具体、更详细、更准确并且更加及时的方法——帮助我们对地下有更多的了解，以便进行发现和开发。综合技术能力可以在许多方面提供帮助：

- 勘探与生产工作流程采用二维和三维地震来采集和处理，常规和非常规储层的地下描述质量越来越高，成本也越来越低，在地质、油藏工程、井眼规划和完井等领域得到了广泛应用；四维地震则用于衡量提高采收项目的有效性；水力压裂的被动微震成像技术可以改善裂缝设计和完井，优化井距和井序。然而，当惰性示踪剂与支撑剂混合时，工程师也可通过测量压裂高度来实现这一目的。
- 地震属性和定量地球物理学可用于地质力学建模，预测局部应力状态、断层分布和盖层完整性，并通过互相突出储层质量和产层关系；三分量地震可以帮助预测流体分布、岩石性质和岩性变化；叠前工作流程，如振幅随偏移距的变化和各向异性速度分析（AVO），可以帮助预测流体性质、局部应力以及断裂方向。

■ 地震采集可用于抵消油砂的租金；感应地震监测可用于法规遵从，还可以减轻异常地面运动引发的地震风险。

新的战略议程必须要利用快速发展的技术。例如，微地震已成为一项重要的地球物理勘探技术，用于非常规油气藏开发。对诱发地震活动的关注导致了对水力压裂和废水注入处理井进行地震监测的强加规定。具有成本效益的技术解决方案可以在作业者（和行业）的社会许可中发挥重要作用。进一步发展的是先进的地震处理和解释工具——利用基于二维网格的方法，三维地震数据最初被解释为二维数据。在详细、高分辨率描绘地下断层系统方面，大多数三维勘探都没有得到充分利用。虽然基于体元的解释和使用高级属性的优势可以帮助三维勘探提取附加信息，许多基于体元解释的工作流程也已经得到开发，但是采用速度仍然很慢。

因此，考虑到地下技术的重大发展，我们有理由更加广泛地采取和使用多学科资产团队通过改进的工作流程来利用综合技术能力，例如对非常规油气区块的地下解释（见图2.16）。

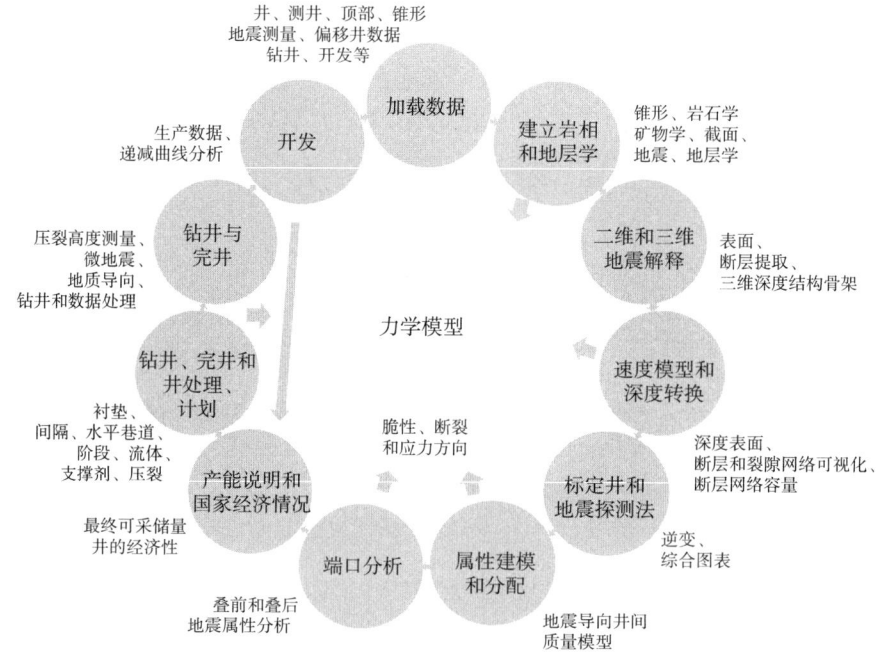

图 2.16　地下解释工作流程

资料来源：埃信华迈。

例如，通过地震得到的高分辨率断层可视化是一个很有前景的领域，它可以减少成本和/或提高生产率。因为在井筒有很多小断层在渗透，这一情况比我们想象的要多，这些小断层会导致那些分层的、致密的、断裂的储层和非常规储层形成流体障碍物或是流体疏导物，从而在钻井和生产上会耗费一些资金成本和时间成本。断裂网络经常会导致钻井问题（如瓦斯溢流、流体损失、井眼失稳、套管损坏等）以及生产问题（如运输水的断层或地带与井之间交叉流动的断层、分区等）。然而，断裂网络也会带来机遇（例如，获得高产的天然裂缝网络，即"甜点"）。因此，更好地解释地下工作流程会促进钻井和生产成本、生产力以及健康、安全和环境方面的逐步变化。

更有效的工作流程或许能够维持勘探成功率，降低经营风险和成本，并增加资源回收率。更安全、更便宜、更高产的钻井一方面可以采用控制更为严格的压裂高度增长和钻井设计（尤其是定向井或水平井）来实现，采用这些方法可以避免先前未能预测到的断层或破裂带，另一方面还可以通过预测存在流体损失、潜在井涌和井眼不稳定性现象可能发生的区域来实现。

例如，可以对井筒布置、下井间隔、层距、支撑剂荷载和水平段长度进行优化（例如关于流体边界和具有断层交叉点的管道），以便在基体生产领域中排放隔室，并接入生产性的自然断层和裂缝网络。全球资源基础日益分散，联系越来越紧密，有断裂和非常规的趋势，结构也越来越复杂，因此，上述能力变得越来越重要。

专注于技术开发的应用

最便宜的石油价格已经上升，而且，不论将来价格如何，高成本的石油都会发挥更大的作用——这对大多数经营者来说尤其重要，因为他们并没有特权进入这个世界上石油成本最低的区域。虽然说削减成本和资本约束能够促进能力的建设，但是，在技术开发应用更加集中的情况下进行能力建设则可提供更重要的长期解决方案。明日世界的赢家将是那些在今天投资于技术、资产和专业知识以降低成本的公司。新技术和改进技术在降低成本和/或提高生产率的勘探、开发与生产中发挥着越来越重要的作用。

> 尽管如今在现金流和现金递延的价值上需求迫切，但是对于投资低成本经营平台而言，现在的确是最好时机。长期来看，投资低成本经营平台是成本和可用性方面的重要窗口——现在就是投资能力建设的大好时机——这不仅限于专业知识，还包括技术、特定资源和其他战略资产。

例如，当价格周期恢复时，许多人将要退休或离开油气行业，因此，行业人才市场将急剧紧缩。此外，在关键服务公司、供应商、作业者和其他战略业务伙伴关系中的"投资"有可能会成为长期竞争优势的来源。

与20世纪80年代和90年代的专用可编程逻辑控制器相比，新经营模式的科技成本要低得多，同时，它的功能性、移动性和灵活性都更强大，它以新的方式收集和使用数字信息，帮助保持油井在线，降低人员配备水平，提高工人安全度。此外，它还提供了更多的机会来调整成本（例如，将服务合同与生产或其他油井指标联系起来，而非按日计费），新的经营模式通过先进的数据分析来优化研发成本和生产效率，并通过预测分析（又称机器学习）来加强从人工举升到水力运输的日常经营管理，以此避免故障。

在勘探与生产行业中，技术开发需要更多地关注油井的产能、提高采收率以及降低成本——在很多情况下，这包括了将技术开发更多地集中在特定应用、特定区块、区域、资源类型或特定的资产管理团队上。此外，我们还需要成本更低、收益更高的勘探技术（比如"高级别钻井"）。在削减成本的大背景之下，作业者面临挑战，他们必须要增加关键能力的技术投资，以提高采收率或提高成本效率，并将这一点放在首位（见图2.17）。目前而言，更重要的是，企业战略议程可以反映出他们在技术工作上做出的谨慎的、符合实际情况的优先排序，这些优先排序有助于应对资源组合和战略需要中出现的具体挑战。

企业必须不断监测技术上的进步，还要在适当的时候加以应用。这一点越来越依赖于特定资源或特定区块方面的专业知识、应用以及校准。大数据分析、数字油田、工业物联网、无人机、机器人和安全云计算这些技术则能够为企业提供更安全高效、更低成本的未来之路。

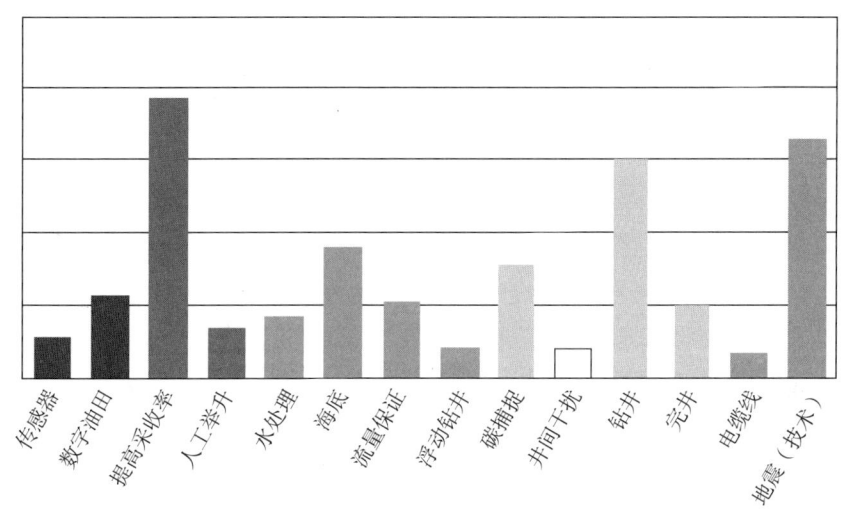

图 2.17　根据能力区域，要在科技上做出的有关投资

资料来源：埃信华迈。

油田寿命周期管理

在低价环境下，企业需要在设计阶段对投资成本（capex）和经营成本（opex）进行权衡。项目计划常常会低估经营成本和油田寿命，结果就低估了减少经营成本这件事的重要性，特别是在后期油田上。在一些成熟油田，寿命终止（EoL）很容易受到经营成本的影响，如果经营成本控制得好，可采储量可以比原先的估计高出 10 个百分点。例如，在北海，削减 15% 的经营成本将油田寿命延长了 4 年，产量增加了 400 万桶。这大大降低了退役成本。

通过更先进的成像技术、建模技术和生产技术、提高采收率方法、加密钻井、开发新区块或邻近区块和接头以及改进油藏管理，可以延长油田寿命（和增加储量）。随着油田成熟，预计采收率可能会增加。在某些情况下，我们看到的是非常保守的初始储量估计（有时是政府监管要求这样的）。

发生在印度尼西亚的例子就说明了比起前沿勘探，通过延长油田寿命可以"发现"更多的石油。从 1982 年到 2008 年，所有新增储量的 53% 来自现有的油田。这些储备延长了许多设施的使用寿命，超出了它们原来的规划。

将"新"功能应用于"旧"资源

在新的战略议程中,低渗透率的常规石油将发挥更加重要的作用,同时,非常规油气技术在成熟常规油藏中的应用也在不断增多。实际上,常规能源与非常规能源之间的区别体现在连续介质上——岩石类型以渗透性的连续介质的形式存在(见表2.3),我们现在称之为*非常规能源*。

表2.3 在不同岩石类型和渗透率下承担不同功能的钻井结构

	←渗透率的连续介质→			
	常规多孔的和可渗透的砂岩和碳酸盐岩	混合的砂岩和细粒材料	细粒的碳酸盐岩	非常规页岩和白垩岩
渗透率	>1000 毫达西			那达西
孔隙度	>30%			<1%
井的结构/完井作业	钻井和完井	垂直井中的压裂完井	大范围水平井 +/- 多层级水力压裂	大范围水平井 + 多层级水力压裂

资料来源:埃信华迈。

在钻井结构和完井作业方面,非常规技术被应用于常规油田,比如说长距离水平井眼的技术,有时还会涉及多级水力压裂技术。尽管水平钻井和水力压裂技术已经使用了几十年,但是实验和改进中的最新进展又再次推动了这些实践和支撑技术不断向前发展。这些改进包括更长的井眼(即侧壁)来接触更多的储层和裂缝期次、在更多的水和支撑剂下增强压力、增强流体以及优化安全评估实践。现代的完井技术能够提高流量;对于那些孔隙度低于 15% 的油藏,利用水平井眼和多级压裂技术也可以提高采油率。

2010 年至 2013 年,埃信华迈共测试了 300 多个区块,每个区块至少含有一口水平井,发现了 51 处成熟常规油气区块,每处至少钻探了 10 口水平井,并且它们的平均初始生产率大于 100 桶/天(bpd)。成熟的低渗透性(低质量)常规油气资源,如花岗质砂岩是一种新的资源区块。自 1956 年以来,花岗质砂岩就开始生产,这种砂岩使用的直井针对相对致密的储层岩石(老式直井接触的潜在储层总量较少)。而采用花岗质砂岩水平井的成本是直井的两倍,但采收率明显更高——比10年前的10倍还要多。

非常规技术在加拿大传统油藏中的应用也呈上升趋势。从2010年到2013年,研究人员至少测试了90多个区块,每处至少钻探了10口水平井,埃信华迈发现了26个成熟的常规油气区块,每处至少钻探了10口水平井,平均初始生产率超过100桶/天。一般来说,这些水平井有8个压裂阶段,都是在1英里或更深处的5000英尺横向上进行压裂。卡迪姆页岩的最大油田是彭比纳油田,它在20世纪50年代开始从垂直井进行开采。地层以泥岩、砂岩为主,伴有砾岩碎屑。卡迪姆的日产量从2009年的3.3万桶飙升至2013年的11.4万桶,增加了逾8200万桶石油,其中水平井占总产量的80%。

在北美以外,很多国家都有潜力对低生产率的常规油藏进行增产。扎格罗斯褶皱带从伊朗延伸到伊拉克库尔德斯坦,其碳酸盐岩储层低孔低渗,蕴藏着巨大的开发潜力。现代三维地震采集技术在伊拉克的应用表明了一系列的发现都是有前景的,在伊朗采用类似的方法可能也会产生类似的结果。

作为能力资源的供应链管理

从历史上看,许多项目都没能满足进度和预算要求——20世纪90年代形成的项目治理体系一直以来都不太有效——因此,必须重新审视过去20年间上游供应链的管理方法。这是一个新的战略议程契机,它将采购和供应链管理从对抗和不可持续的供应商让步的世界,转变为*能力外包*的协作世界。

能力外包关于:如何在供应链中消除浪费和提高效率,如何改善整体的工作流程、利用率、调度和装载,在他们最具优势的地方利用这些能力,内包与外包能力,是在内部(如通过总部)还是在外部(如通过供应商)寻找规模经济。

例如,随着钻探活动时间越来越短,钻井目标不断减少,规模经济就会因此受到影响。这使得作业者对钻探俱乐部产生了兴趣,希望能够重新获得优势,拿下更大的订单。在其他情况下,作业者将活动带回内部,以确保能在公平和可持续的成本之下提供价值和质量。

资本计划和投资组合管理

成本结构正在演变，新的项目经济正在形成——资本项目需要重构，以便在"更低、更长期"的价格体制下实现经济效益。同时，离岸项目的规模也被缩小，以便能够更多地利用现有的海底基础设施，使采购规范更趋标准化，更多地使用远程操作来减少人力的投入，加大技术上的投资以提高采收率。

现金支出的延期是很有价值的——例如，在丧失成本不太大的地方暂停租赁钻井。虽然说自然资源开发周期需要大量的现金支出才能实现一系列降低风险的里程碑，但是目前来看，长期的账面成本非常之高。运用加密钻井，成功率更高，成本更低，周期也更短，可以在较短时间内产生更多的现金。钻井但未完成的油井和已探明、开发和生产（PDPs）的钻井优先于PDNPs（已探明、已开发但未生产的钻井）、PUDs（已探明但未开发的钻井）等长期现金来源和那些仅被认为是有可能的资源（P2或P3）。

投资最多的国际大石油公司和独立石油公司对资本支出削减和资本延期做出了响应——美国墨西哥湾和北海受到了很大的影响。随着巴西国家石油公司（Petrobras）将重点转向现有项目的投产，巴西近海的新项目在数量上也出现了稳步下降。为了避免资本支出的过度削减，我们需要更好的方法来进行项目成本估算和风险评估。

一般来说，成本超支只是反映了乐观状态下的项目估算。阶段-关卡、单点估计和一般范围不确定性的问题在于，它们太过侧重于技术定义（很少强调其他因素，如供应链市场具有不确定性），因此低估了成本的不确定性水平（通常指成本上升）。要想了解成本超支，我们需要区分不良估算和真实超支。因此，企业可以利用更复杂的方法来进行项目成本估算和风险评估。

成功的一个关键是避免"公平"的力量，这种公平的力量导致了全面的削减和延期，而没有优先考虑执行战略所必需的组织能力。对于这些组织能力，企业需要小心维护和加强。遗憾的是，勘探与评估（E&A）预算虽然是一个容易的目标，然而 2015 年发现的常规油气产量却是多年以来的最低水平。在未来，这一供应缺口将很难弥补。为了达到这一目的，勘探与评估的预算可能会更加集中在更低的成本（例如，近海深度低于 5000 英尺的地方）和更近的机会（评估与勘探）上。

美国致密油是"庞氏骗局"吗？

随着美国石油和天然气股票价格的低迷，许多人对该行业的财务状况感到担忧。尽管致密或页岩油气的开发使全球最大的原油进口国变为净出口国，但在其盈利能力和财务杠杆方面，质疑的声音依旧不绝于耳。一些怀疑论者甚至怀疑该行业是一场"庞氏骗局"。此外，随着石油和天然气价格长期低位震荡，投资者要求以分红和股票回购的形式获得更多现金的呼声渐强，作业者们不得不竭力平衡各方面现金的需求。

我们分析了美国和加拿大 35 家专注于致密或页岩油气的专业化公司，对其自全球油价暴跌至今六年的财务表现进行了研究。研究发现，即便在油气价格相对较低的背景下，该行业整体依然能获利（即生产一桶油当量的合计净利润为 5 美元）。此外，每桶油当量（boe）带来的合计经营现金流为 19 美元，表明该行业的发展已足够成熟，可以自筹资金满足业务增长的需要。事实上，尽管该行业对产量和储量增长方面都进行了大量投资，但总体的财务杠杆并不高（税息折旧及摊销前利润的 1.6 倍），三分之一的作业者信用评级为投资级。此外，对比分析常规油气独立公司，我们发现美国致密油作业者在盈利能力、增长水平、再投资率以及财务杠杆方面的表现都更胜一筹。在北美的陆上勘探开发领域，以技术为主导、经营效率的持续提升推动了产能和桶油成本的显著可持续性增长。

财务分析

我们分析了美国和加拿大 35 家致密或页岩油气领域的专业化公司，对其 2014 财年至 2019 财年的财务表现进行了分析。时间跨度涵盖了全球油价开始暴跌（2014

年第四季度）之前至目前最新的财报公布时间。此外，我们还对比分析了全球10家上市的常规油气独立公司（即在北美无油气资产的公司）。

如图2.18所示，除2014年总计亏损729.76亿美元（每生产1桶油当量的损失为32.77美元），以及2015年亏损总额降至211.11亿美元（每生产1桶油当量的损失9.54美元），该行业合计净利润均为正。从最近的公开财务报表来看，尽管油价（WTI原油）和气价（亨利港）分别在50美元和3美元以下的低位波动，但该行业年净利润约140亿美元，每生产1桶油当量净利润约5美元。

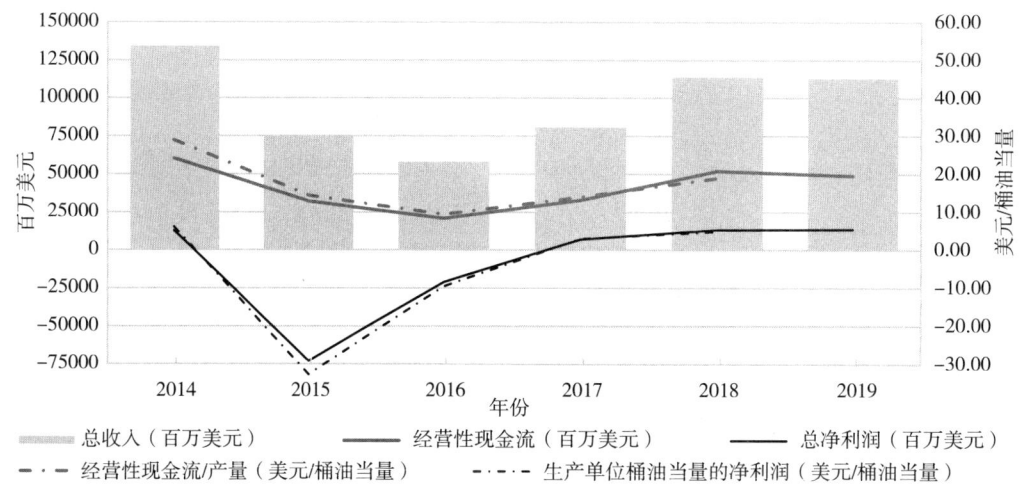

图2.18　北美致密或页岩油气生产公司盈利能力

资料来源：埃信华迈。

此外，我们发现年经营性现金流一直为正。2014年最高，约为603.7亿美元（每桶油当量28.92美元），2016年最低，为209.11亿美元（每桶油当量9.46美元）；最近两年约为500亿美元，每桶油当量19美元。随着业务的成熟和总增长放缓，当前公司的资本支出主要由经营性现金流提供。再投资率在2015年达到峰值，为经营性现金流的173%（即最初是通过债务融资，然后是股权融资），但在2018年降至108%，近期基本低于100%，这是因为许多作业者在偿还债务、派发股息，以及进行股票回购，将现金盈余返还给投资者。

此外，我们还发现（见图2.19），尽管各公司在生产和储量增长上都进行了大量的投资，但总体财务杠杆并不高（税息折旧及摊销前利润的1.6倍），作业者的信用评级中约有三分之一为投资级。在整个行业中，以技术为主导、油田开发方式的优化以及不断提升的钻完井实践，推动了单井产能和桶油成本的可持续性优化。

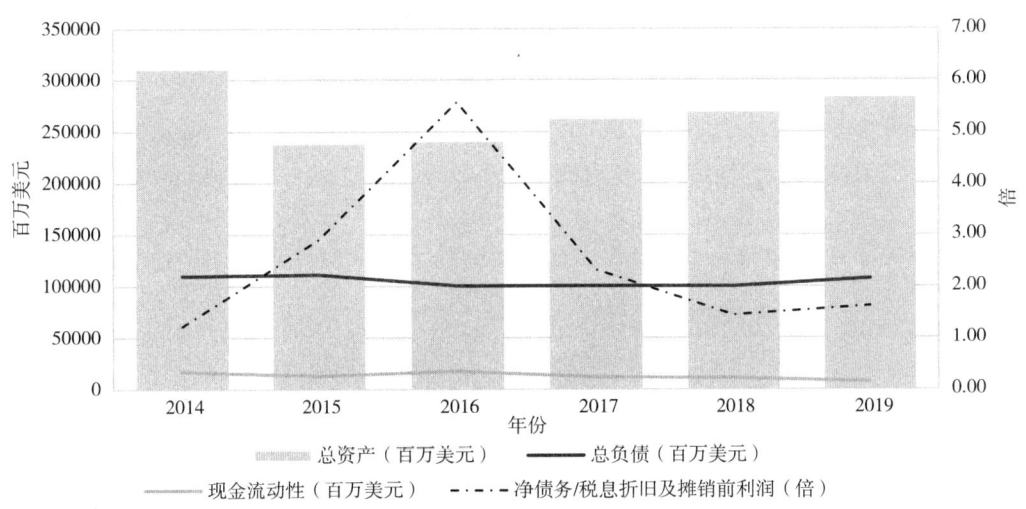

图2.19　北美致密或页岩油气生产公司财务杠杆及流动性
资料来源：埃信华迈。

2019年以来，北美勘探开发领域的破产申请数量在不断增加。对于该行业而言，有利的区块面积以及油气价格依旧是成功的关键因素。一些债务人、债权人、股权投资者和其他利益相关者可能最终对油气价格在短期内重回高点不再抱有任何希望。

但是，我们对北美勘探开发领域同期破产申请的分析显示，该行业破产总数和规模相对较小，尤其是鉴于油气价格低迷的大背景下。从陷入财务困境的公司案例可以得出，导致破产的关键因素主要有：区块条件差、规模小、不适宜的财务杠杆（就勘探开发而言）以及侧重于天然气的资产组合。

尽管北美致密或页岩油气的再投资率有所下降，但仍高于常规油气作业者，这是由于致密或页岩油气的产量和储量增长更高。同时，通过我们对国际常规油气公司的分析（见图2.20）发现，其债务水平较高，增长较少，储量逐年降低。

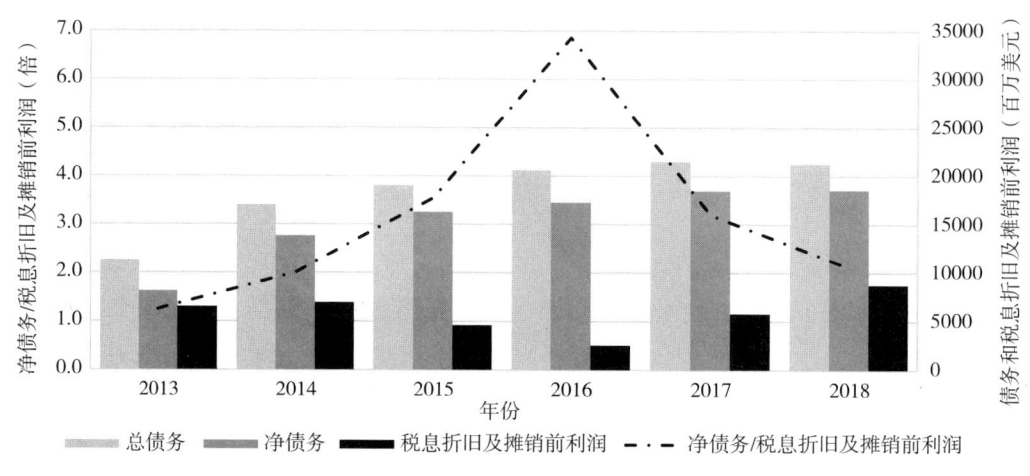

图2.20 常规油气公司财务杠杆

资料来源：埃信华迈。

经营性根本原因分析（RCA）

北美陆上致密或页岩油气行业的盈利能力受益于其良好的区带描述和钻完井方案的设计与执行，从而带来了更高的流量、单井产量、资本效率以及最终采收率（EUR）。盈利能力不仅取决于良好的区块条件，还取决于独特的技术能力和关键技术。

除此之外，作业者需要具备一些特殊的能力，例如非常规钻井与完井、非常规盆地技术、非常规的供应链管理、土地租赁管理、收购和资产剥离以及社会许可和监管合规等。盆地与区带间复制成功经验并非易事。事实上，"多区带"领导者的案例并不常见。

钻完井技术和应用（包括水平井和多级水力压裂技术）的进步使得曾经"成熟"或无经济性的北美盆地变得有利可图，即使油价低于40美元时仍可实现盈利。19世纪50年代使用的是机械动力钻机（即低于1000hp）；70年代引入了早期的直流电泥浆脉冲遥测技术，该技术可以更准确地确定钻头的位置（MWD）；80年代开始使用钻井导向系统；旋转闭环钻井系统在90年代引入，它使司钻在连续旋转钻进过程中精确控制井眼轨迹。但是直到21世纪初，钻机才配备了交流电顶驱系统，这是水平井实现安全高效钻井的必要条件。如今高性能水平井钻井需要较高规格的"一级"钻机（如交流电顶驱系统、1500 hp、7500 psi 的循环三级钻井泵、重型绞车、自动化钻台装备、智能数据管理等）（1psi=6.895kPa）。

还要注意的是，与新进入的市场主体相比，现有作业者的经济性受益于连续区块位置的经营协同作用（故可比新进入者支付更多的区块费用），例如：

- 减少租赁区边界浪费及未开发土地面积。
- 能够钻更长的水平段。
- 更多选择工厂化多井平台钻井而非租赁钻井。
- 更多机会优化钻完井计划及可钻井位置。
- 利用各次区带的学习曲线，应用于更大的区域。
- 租赁单元一体化。
- 服务合同的谈判筹码或效率，以及其他租赁经营费用效率。

多层"堆叠"（即两个或两个以上高产层纵向的重叠）对区带经济性至关重要。例如，米德兰盆地多层分布，且大多数层位都发现了"甜点"，但不同层位甜点位置不同。作业者可在同一井场中开发3~4个堆叠层系，每层可多达12口井。

尽管一些因素可带来短期利益（如缩减成本、钻井效率、根据油价确定区带开发位置），但产能的提高是由可持续性和可推广性因素驱动的，如工厂化多井平台钻井（MWPD）、更长的水平段、完井设计、大规模压裂等（见表2.4）。

表2.4 提高产能的因素

盆地名称	单井设计参数	第一代（2013—2014年）	第二代（2015—2016年）	第三代（2016—2018年）
米德兰盆地	水平段长 (ft)	7000	8000	9000~10000
	支撑剂用量 (lbs/ft)	1000~1400	1400~1700	1800~2000
	砂比 (lbs/gal)	1.0	1.25	1.5
	裂缝间距 (ft)	200~300	150~225	100~150
	簇间距 (ft)	65~75	30~50	15~30

续表

盆地名称	单井设计参数	第一代（2013—2014年）	第二代（2015—2016年）	第三代（2016—2018年）
特拉华州盆地	水平段长 (ft)	5500	6500	8000
	支撑剂用量 (lbs/ft)	1000	1400	1800 ~ 2400
	砂比 (lbs/gal)	0.80	1.08	1.40 ~ 1.90
	裂缝间距 (ft)	240	260	200
	簇间距 (ft)	50	65	33

资料来源：埃信华迈。

显然，整体趋势是朝着更多的压裂级数、更密的簇间距以及更大的支撑剂用量发展，但是水平段长度和支撑剂用量的增加并非都能带来收益，这取决于区带的具体情况，甚至还取决于租赁相关的因素等。例如：

- 水平段长度可能会受限于租赁区界限、地层复杂性或钻穿桥塞的能力。
- 支撑剂用量可能受到储层厚度、基质渗透率（如巴肯）或井间连通性的限制。

结论

北美的陆上致密和页岩油气行业吸引了许多公共资本和私人资本，为其早期发展提供了资金。该行业目前是盈利的，而且主要是自筹资金，债务水平非常低。通过良好的区带描述和钻完井方案设计和执行，提高了单井产量和最终采收率（EUR），从而实现盈利。

有迹象表明，在某些区带，经济盈亏平衡趋于平稳，这主要是因为成本的攀升以及水平段长度和支撑剂用量的提升，导致产量上升空间越来越小。但收支平衡仍然低于现行的市场现货和远期价格。尽管人们普遍关注盈亏平衡，但现金流和资本支出才是决定供给的关键力量。尽管到21世纪20年代早期至中期，美国的一些区带将面临"甜点"枯竭（例如鹰福特）。但总体而言，仍有很大的可钻井区域，且致密油的剩余经济可采储量超过500亿桶。

因此，美国致密油并不是一场"庞氏骗局"。

以资源为基础的关键能力

经营者必须协调好战略、资产组合和组织能力之间的相互依赖关系。最大的成本、最重要的技术以及关联最大的功能都高度地依赖于"未来状态"资产组合中基础资源的性质（见表2.5）。

表2.5　不同岩石类型下的关键成本和关键能力

组合选择推动所必须的能力

	勘探与评价	投资成本	钻井与完井成本	经营成本	重要技术
陆上非常规油气田	◐	◐	◐	◐	成像、测井电缆、提高采收率、标准化
海上常规油气田	◐	●	●	◐	将项目从独立设施缩减到使用海底梁柱、标准化采购规范、预建模板、无人或远程操作
陆上非常规油气田	○	◐	●	●	供应链管理、完井优化、提高采收率、地质建模/油藏工程
油砂（地下）	○	◐	◐	●	非水萃取、新型溶剂、温室气体减排、残油治理/减少碳足迹

资料来源：埃信华迈。

常规油气田

陆上常规油气资产的整个寿命周期成本为20美元每桶，其中近一半为经营成本。其余的成本结构由勘探和评价、资本支出、钻井和完井费用组成。因此，成败取决于是否有能力控制成本或提高生产率，例如为成像、测井电缆、提高采收率或者增强采收率和上游供应链标准化程序提供更好的数据处理和解释算法。

海上常规油气（即深水油）的生命周期成本为每桶40美元至100美元，钻井和完井成本（33%）与经营成本（32%）和资本支出（28%）大致相当。晚期资产，如北海的许多资产，已经变得相当不划算——产量下降时，经营成本上升（现在的价格更低），维护老化设施和基础设施的成本也随之上升。然而，高昂的废弃成本可以维持油田的经营——即使是在经营现金流为负的情况下，对于挪威的北海来说，废弃成本可能会特别大。低油价也使得后期油田成为并购交易特别活跃的领域。

在成熟的区块中，作业者必须重新调整项目范围，包括单机设施缩减规模，更多地使用水下回接设施，以充分利用现有的基础设施。在设计阶段，作业者需要将平台、水下设备和采购规范标准化，并且更多地使用模块化预构建。在多个项目中共享承包商（如钻机）可以创建管理程序，而不只是一项一次性的任务。

海洋项目和相关流程正在重构，以充分提高经济效益，让企业能够在更低的价格环境中继续前进。重构的重点是要降低油田使用寿命期内的预付资本成本、钻井成本和运营成本。海上开发过程中，钻井完井和设施是两个最大的资本组成部分；钢铁、钻机和设备占深水开发成本的66%。设施投资比钻井投资更具有先导性，因此对净现值影响巨大。将开发项目从独立设施缩减为与现有基础设施的海底回接，产量虽然降低了，但经济效益却更高了。

例如，雪佛龙（Chevron）位于墨西哥湾的巴克斯根-莫卡辛（Buckskin-Moccasin）开发项目最初被认为是半潜式开发项目，但现在它似乎和现有的卢修斯单柱式平台项目的回接有关系。虽然储量估算可能在打下评价井之后发生了变化，但回接的使用降低了前期成本，减少了总井数，也延长了10年以上的生产寿命（由于产能限制）。

开发钻井在油田的整个使用寿命中占了资本支出的很大一部分，因此，开发钻井的成功包括：减少井的总数、提高单井生产率、分期和延期。尽管最初计划的油井数量减少使得最初所需的资本支出有所降低。但实际上，这些油井很有可能是被延期了，它们将在未来的几年开展钻探。分期的方法减少了前期成本，并且让企业能够在对储层有更多了解的情况下更好地布置生产井和注入井。

开发钻井的成功还要求一种低成本经营模式，利用资产组合的能力及企业家精神，为商业交付更加负责——使企业能够且有能力寻求降本增效的方式。这种经营模式必然使供应商能够减少和简化操作过程、削减开销，并改进供应链管理以降低成本。未来的业务重点领域可能包括更多的人员缩减、水下技术（例如：增压、分离、注水、压裂），并利用远程操作技术。

非常规油气田

由于地下风险的特殊性，陆上致密油（和页岩气）资产的勘探和评估成本要低得多，因此勘探和评估的重点也就不那么突出了。但钻井和完井（D&C）成本可能在每桶20美元至30美元之间，经营成本在每桶15美元至20美元之间，这导致整个寿命周期成本大幅上升，价格高达每桶35美元至100美元之间。

在这样的情况下，企业要想成功，必须要有更灵活、更具企业家精神的经营模式。只有这样，企业才能做出合理的决策来降低成本。虽然难以衡量，但卓越的经营项目已经降低了总经营成本，改善了设备的可用性，并且增加了产量。

尽管精益生产和工厂式生产受到了广泛欢迎，但钻井和完井的优先级必须随着价格环境和面积质量的变化而变化。低油价环境下，比起放弃生产的机会成本，油井成本和油井生产率更为重要，持续改进的动力必须要在标准化的效率收益与油井优化的生产率收益之间找到平衡。

非常规油田的地下风险体现在油井产量（以及缩小间距方面的限制）变化巨大，这就导致了在特定的区块内，面积质量不同，油井的经济效益差异很大。有趣的是，我们的研究表明，超级压裂的额外成本对核心面积的高产井有更大的影响，它可以使高产井产量更高。

因此，我们必须要防止过度的标准化——钻井与完井及其相关服务供应链是十分关键的能力领域，同时它也是技术或成本优化的重要目标，这些技术包括了压裂技术、支撑剂的使用、多级压裂套管、复合塞和裸眼隔离系统等。

油砂

油砂的寿命周期成本在每桶50美元到100美元之间。其中，经营成本占75%至80%，传统勘探和评估方面没有任何实质性的支出。在加拿大西部，外运能力运力以及当地价格仍然是经济和资产价值的负担。但在成本方面，与气候变化有关的政纲将对碳排放、尾矿池等进行新的审查。我们希望能够看到非水萃取、新溶剂、现场修复以及社会许可开发方面的能力有新的发展。

第三章

新资源,新能力

成熟盆地焕发新生：
二叠纪盆地与北海盆地的经验与启示

亚洲拥有诸多大规模的产油盆地，如大庆油田所处的松辽盆地、马来盆地等，但大多都已进入开发后期，产量进入递减阶段。尽管制定了宏伟的可再生能源发展计划，但随着亚洲人口数量的不断攀升，以及人民生活水平的持续提高，都将带动巨大的原油需求。

那么亚洲的成熟盆地能否如同二叠纪盆地或北海盆地一样，重新焕发新的生机？我们又能从这些案例中汲取怎样的经验？

资源潜力巨大

成熟的油田拥有着巨大的资源潜力。例如，北海地区排名前九的成熟产油盆地，其剩余可采资源量超过 160 亿桶，占北海总资源量的 22%，其中包括现有油田内的常规及低品位常规油藏储量，以及应用现有技术/专业技能可采出的资源增量及待发现（YTF）资源量。北海地区仅有 85% 的石油资源采用了先进的提高采收率技术，平均采收率约为 40%；而其余未应用上述技术的油田平均采收率仅为 26%，这意味着仍蕴含 40 亿桶的增产潜力。此外，北海探明的致密储层也具有增产潜力——近 374 个剩余的常规油藏中，26% 的储层渗透率低于 10 毫达西，需要采取增产措施。

通过以下四种方式，成熟盆地可以实现"复兴"，显著增加可采资源量：在油田开发后期更广泛地应用提高采收率技术；着眼于低品位、已发现的常规资源（边际油田）；开发储层致密的常规资源；开发非常规资源。

二叠纪盆地"重获新生"

二叠纪盆地的原油生产历史大约可追溯至一百年前，20世纪70年代时达到日产200万桶的产量峰值，而到20世纪90年代，日产量则降至100万桶以下。但如今，这个"成熟"盆地的日产量达400万桶，且仍在持续增长，从而使美国成为世界上最大的产油国。

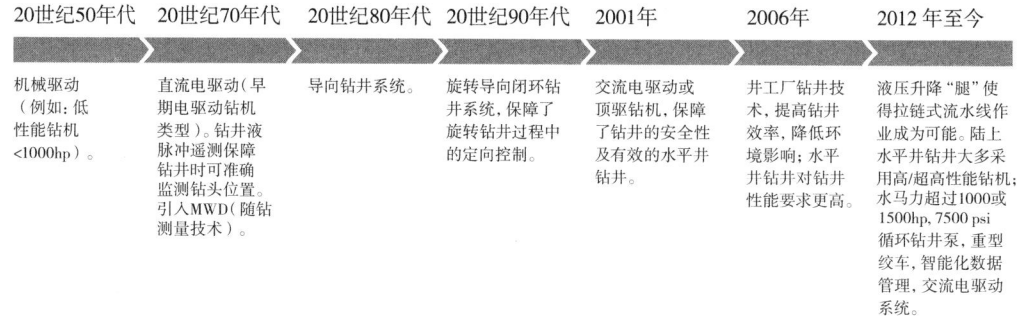

图3.1 北美地区钻井系统发展历程

一级钻机，也称为超高性能钻机，具有巨大的市场需求，这些钻机具备交流电顶驱钻机，1500hp，7500 psi 钻井泵。

北美地区近60%的陆上钻机为高/超高性能钻机。900个现役钻机中800个用于水平井钻井。

面临油价下跌、勘探成功率和产能降低的行业环境，勘探策略在不断调整，以充分利用现有资产、专业技术和数据。例如，我们注意到人们更加关注近场勘探、加密钻井、非常规开发和"盆地一体化"战略。

通过对多个含油气系统的商业开发，二叠纪盆地在区域活动、生产、采收率和储量方面增长迅速。主要的含油气系统包括：产量衰竭但高品位的常规油藏；探明程度高且作业难度低的致密常规油藏；烃源岩，如页岩等。作业者应用水平井（有时是直井）钻井和多级水力压裂（但不全是），按阶段同时开发多个油气系统。

此类盆地"复兴"战略或"盆地一体化"战略，最有可能在具有以下五个关键要素的盆地中成功应用：

- 资源潜力大（如剩余可采储量大于50亿桶）。
- 多个含油气系统及多层油藏。
- 具备通过开发页岩、致密常规油藏和产量衰竭但高品位的常规油藏等，增加产量，提高采收率和储量的潜力。
- 地质资料数据丰富，认识程度高。
- 已有基础设施及服务能力。

对于二叠纪这样成熟的陆上盆地来说，实施上述战略较为容易；不过，像马来盆地这样的大型成熟的海上盆地同样有实施的可能。

伴随着技术因素带来的效率提升和经营区域的协同效应，良好的经济性是二叠纪盆地持续增产的重要因素。钻完井技术的发展，以及实力强的大型服务公司完备的供应链体系，使此前"成熟"和"经济效益差"的区带即便在油价40美元时依然有利可图。此外，由于毗邻区块产生的巨大协同作用，现有作业者的效益优于新进入者（从而有更多的资金支持其拓展区块面积）：

- 充分利用租赁区域。
- 减少租赁区域边缘的土地浪费。
- 钻更长的水平段。
- 进行更多的"井工厂"钻井、租赁钻井。
- 区带特有的学习曲线、钻完井优化。
- 便于钻完井设计优化，钻井位置选择多。
- 服务合同商讨余地大、效率高。
- 租赁经营成本及效率。

此外，低渗透率的资源采收率相对较低，致密油采收率为8%~10%，页岩气采收率为20%~35%。因此，随着开发技术的不断提升，非常规的储量可能会增加一倍，甚至两倍。

有趣的是，二叠纪盆地的"复兴"对整个行业产生了深远的影响，它将北美地区许多作业者（即国际石油巨头和独立公司）的重心与资源从常规的国际前缘勘探转移到了二叠纪和北美其他中心的致密油和页岩气作业。

专业能力的兴起

目前，墨菲石油公司与PTT勘探生产公司（PTTEP）签署的最新协议，可能预示其退出马来西亚业务，以缩减开支用于美国陆上作业。该协议仅仅是最近五年中勘探开发公司的诸多交易中的一笔。这些公司的经营更加专业化，将重心转向少数地区、盆地以及少数几种资源类型。

在石油和天然气价格长期保持低位（并且比以往更具波动性）的行业大环境下，对盆地的深入了解和认知并成为盆地主导者已成为取得良好经济性的先决条件。此外，由于"易开采"的储量掌握在少数公司手里，且当下全球供应缺口中很大一部分来自难开发的"技术区带"，如超深水、盐下、油砂、致密油/页岩油等，要实现对成熟盆地的深入认识难度更大。没有一家作业者能够在上述各区带类型中都成为领军者。

收购并购交易过程中显示，勘探开发公司的经营重点转向少数几个地区、盆地和资源类型，由此出现了一批专业化公司，其中一些最初由私人资本支持。随着勘探开发公司关注区域范围的缩小，真正意义上的"全球勘探领导者"将会减少。国际竞标活动，以及新公司和合作机会已明显减少，特别是在像北海这样难度系数高的盆地中。

北海地区（GNS）"焕发新生"

北海地区的商业开发始于20世纪60年代末，1999年石油日产量达到600万桶左右的峰值，之后随着20世纪70年代投产的大油田产量下降，该区域产量开始锐减。据英国和挪威的官方消息称，超过一半的北海石油储量已被开采。但近年来这种递减趋势得以扭转，当前260万桶的日产液量水平预计将持续到下一个十年的中后期。

最终投资决策（FID）的项目增加带来了北海盆地的"复兴"，主要源于以下四个因素：

- 更积极主动的财税政策和便利的监管机构，尤其是在英国大陆架区域（UKCS）。
- 所有权的变更改变了开发重心，现有技术和专业技能得以更好地应用。
- 足够的经济性，有助于刺激勘探时间久但开发成本较高的边际油田开发（例如克莱里奇、设得兰岛西部项目等）。
- 在成熟盆地，更有效的加密钻井和近场勘探。

新公司，老面孔

北海地区（GNS）的作业者格局在所有权和经营方式上发生了巨大变化，国际石油巨头（如雪佛龙、康菲石油、马拉松石油公司等）相继退出该区域，取而代之的是一些颇具规模的"新进入主体"和工业企业（如德勒克、英力士等）。

该区域现有作业者和新进入主体都面临着广泛的挑战，制定了一系列发展战略和经营策略。"区域生命周期"的总体理念贯穿于北海盆地"复兴"发展战略和执行策略之中。

仍在北海地区作业的大型石油公司，如挪威国家石油公司、壳牌、BP 和道达尔等，正在对其上游投资组合进行评估并出售地区基础设施，将其他地区的现金流进行重新投资。道达尔以 75 亿美元收购马士基石油天然气公司，这表明其已选择留在北海并寻求对该盆地的深入了解。

许多新进入主体（如 Aker BP、Chrysaor、Siccar Point、Spirit Energy、VårEnergi 等）仅仅是"老面孔"公司名称的组合或是私人资本企业，他们拥有专业经验丰富的高管，通过提升成熟油田或边际油田开发的专业技术能力，期望成为盆地的领军者。新进入的市场主体控制着北海地区日益增长的资源基础，由私人资本支持的七个新进入主体的日产油量共计 35 万桶，并拥有约 20 亿桶的剩余储量。

改善经济性

北海地区新进入的公司，往往是独立公司，他们集中关注于某些盆地或区带，注重专业化能力的提升。他们的进入遏制了北海区域产量的衰退,并增加了成熟油田的产量,提高了油田采收率和边际油田的开发,加速了区域"复兴"。他们带来了先进的技术,如 IOR / EOR,或通过合作、采购的方式,利用该区域内现有的先进供应链来推动技术的有效应用。对成熟油田的投资活动采用丛式钻井、邻近加密和勘探钻井,以基础设施为主导,着重提高采收率,延长生命周期。以基础设施为主导的丛式开发可带来显著的成本效益,使边际油田开发具备经济可行性。

新进入的公司在现有的区带中谋求新的增长潜力,结合特定的投资目标,使盆地边缘区带的开发商业化,如缩短项目周期(如专注于临近基础设施的项目)和探索区带开发新理念(如裂缝基底区)。通过快速循环的海底管道回接技术,连接现有基础设施,因此成功的勘探活动可以获得丰厚的利润。同时,勘探活动可在小规模的地层圈闭中进行。两大重要发现包括英国 Buzzard 油田和挪威 Johann Sverdrup 油田,两者都基于地层圈闭的识别技术,此类勘探技术风险高,通常会在开发后期进行勘探。

技术的成功应用对于盆地"复兴"至关重要,北海地区一直是上游技术商业化的领军者,包括:

- 高温高压作业。
- 水平井钻井,水力压裂。
- 成熟油田优化,IOR/EOR,弃置。
- 海底回接,降成本的工程再设计及标准化。
- 数字化油田,自动化设施及车组。

结论

对于所有的利益相关方来说,盆地的"复兴"需要可持续的经济可行性。某些案例中(如二叠纪盆地),钻完井技术的发展至关重要,使以前"成熟"和经济性差的区带变得有利可图(即使在 40 美元的条件下);而在其他案例中,改变当地成分要求（如坎波斯、桑托斯）和财税条款（如英国大陆架）对改善盆地的经济性至关重要。大多数情况下，通过临近资产的经营协同效应（如丛式钻井），经济性也可大幅提高。

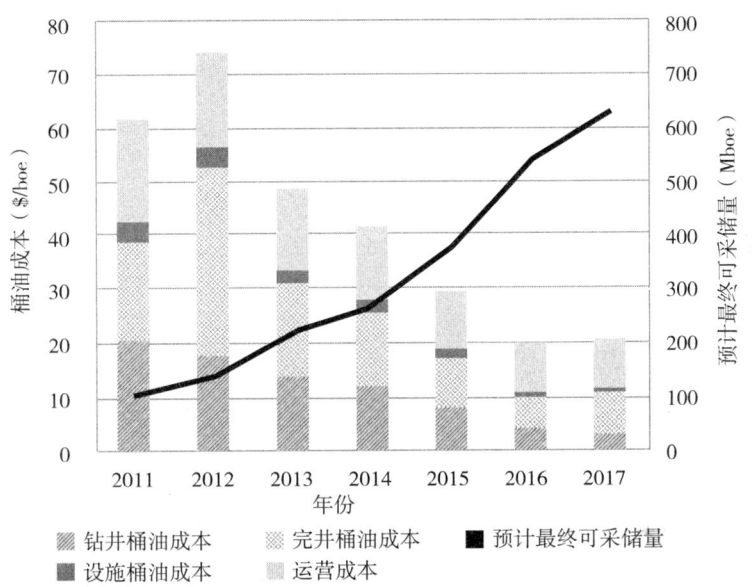

图 3.2　先锋自然资源公司米德兰盆地沃尔夫坎普区块桶油成本变化趋势（投资成本和运营成本）

基于"盆地一体化战略"（如二叠纪盆地），盆地"复兴"需要具备以下条件：资源潜力大（如剩余可采资源量大于 50 亿桶油当量）；多个含油气系统，及多层油藏；具备通过开发页岩、致密常规油藏和产量衰竭但高品位的常规油藏等，增加产量，提高采收率和储量的潜力；地质资料数据丰富，认识程度高；已有基础设施及服务能力（陆上相对容易实现，但非必要条件）。

辅助的"生态系统"也至关重要，包括政府政策和监管环境、公众舆论、高质量数据和信息的获取程度，现有关键性基础设施（包括运输和处理能力），以及供应商服务的供应链（即 EPC 和油服公司）的供应能力（即资产、技术、专业知识）等。例如，英国石油和天然气管理局 OGA（UKCS）创建并维护了这样的"生态系统"，促进互利共赢，提高经济性。

中国如何成为油气净出口国？

中国的一次能源结构

碳氢化合物（尤其是石油和天然气）对中国的重要性被普遍低估，无论是对于当今时代抑或未来很多年后。即使对可再生能源的增长做了非常积极的假设，碳氢化合物在2040年仍将满足中国近三分之二的能源需求（见图3.3）。此外，无论是从绝对值还是在中国能源结构中占比的角度，石油和天然气的重要性都将增长（即从目前的26%增长至2040年的30%左右）。

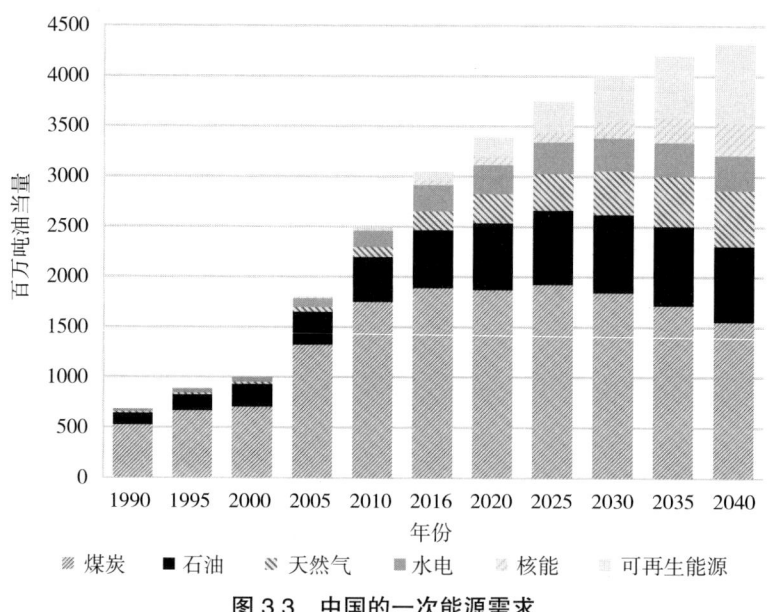

图 3.3　中国的一次能源需求

然而，中国国内石油和天然气的产量仍无法满足消费需求，对国外昂贵的油气进口依存度将继续攀升。中国国内石油产量逐年下降，而天然气的产量相对较低，导致中国原油的对外依存度高达70%，天然气的对外依存度达40%。

与此同时，美国——曾经全球最大的原油进口国，现已成为全球最大的原油生产国和原油净出口国，致密油的剩余经济可采储量超过 500 亿桶。其原油日产量是中国的两倍，而动用钻机数却只有中国的一半。

美国的能源转型由其国内"致密油"资源的开发驱动，而这些资源主要来自二叠纪盆地，同时也包含其他区带，如巴肯（Bakken）和鹰福特（Eagle Ford）等区。二叠纪盆地于 20 世纪 20 年代开始进行常规石油开采，一度被视为常规型盆地，并逐渐进入开发"成熟"阶段，大多数剩余资源被认为不具备经济开采价值。而近年来却因非常规油气的开发重新"焕发新生"，成为影响美国能源安全和国际能源格局的重要力量。

这对中国而言具有重大的启示意义。中国同样拥有庞大的资源基础，如果中国可以借鉴国际致密油气开发的经验，并复制美国的成功案例，那么将对其能源安全、国际贸易、能源成本和国家工业与经济发展带来巨大收益。

国际非常规开发的经验启示

- 美国较高的开发速度促进了区带优化，提高了盈利水平，并最终实现资金自筹（self-finance）。

中国在国内"页岩气"资源开发方面取得了一些进步，但是从全球各非常规区带累计水平井钻井数图中可以看出（见图 3.4），中国的开发速度远低于美国，甚至低于加拿大或阿根廷等国。

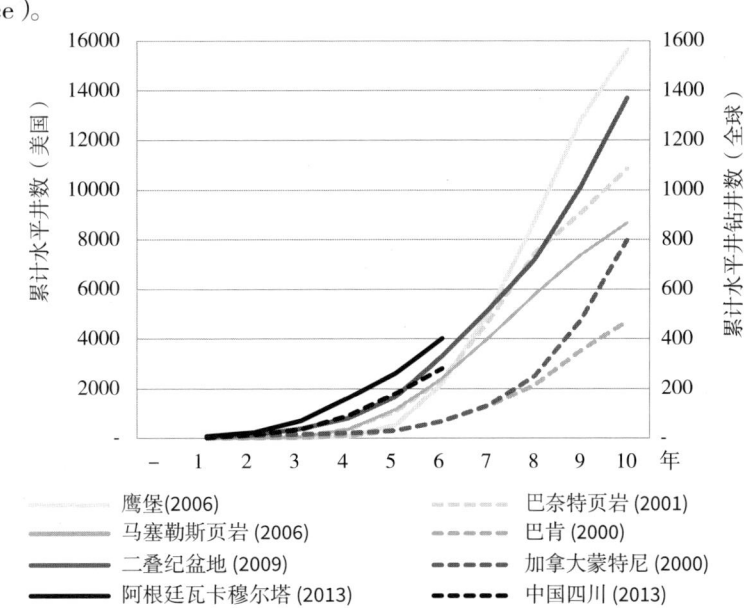

图 3.4 全球各区带累计水平井钻井数（自第一年起）

在美国，米切尔能源公司（自被戴文能源公司收购起）于 2001 年左右在巴奈特页岩（Barnett）中首次实现了页岩气的商业开发。10 年后，巴奈特完钻水平井数近 11000 口（美国数据见左侧坐标轴）。得克萨斯州的鹰福特致密油产区于 2006 年开始钻水平井进行开发，10 年后完钻井数近 16000 口。

各区带的发展速度非常重要，原因有二。首先，由于非常规井产量的初期递减率非常高，若要实现高产需要钻数千口井，且必须保持高水平的钻井活动。其次，非常规钻井与完井的优化存在显著的学习曲线，因此需要钻数千口井才能实现最优的单井产量和合理的盈利水平。

例如，图 3.5 展示了美国不同区带单井产量（即峰值产量，或初始 30 天的产量）随时间的变化（即累计钻井数的变化）。美国所有主要的区带，开发初期（数千口井）的学习速度较慢；而随着开发进程的加快，水平远超中国四川盆地当前的水平（300 口井），单井产量仍在大幅上升。事实上，即使是美国最新开发的区

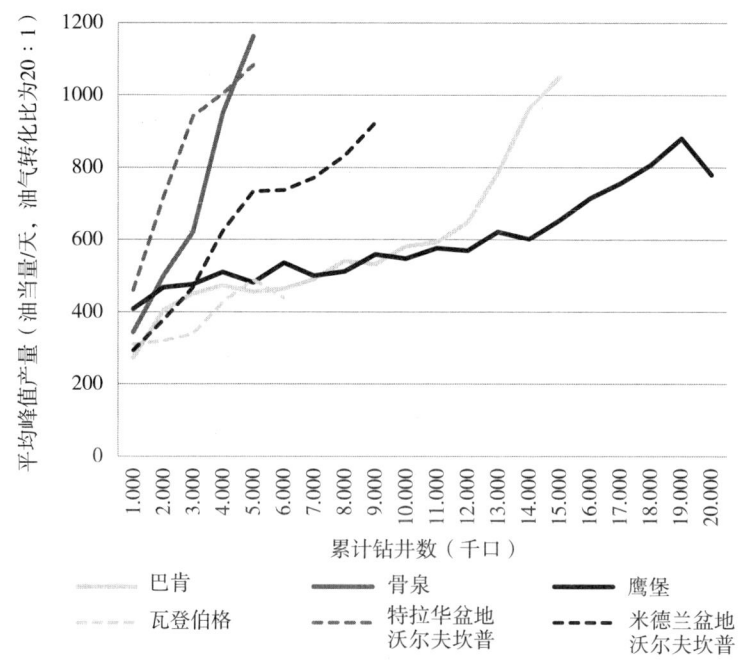

图 3.5　各区带单井产量随钻井数变化曲线

带，如特拉华盆地的沃尔夫坎普（Wolfcamp）和骨泉（Bone Spring），由于借鉴了其他区带的单井设计经验，学习曲线快速上升，在完钻 5000 口井后，单井产量仍在不断提升。

然而，美国以外的其他国家和地区，非常规的发展速度要慢得多。上图中虚线和坐标轴右侧展示了加拿大、阿根廷和中国的非常规开发进程。从图中可以看出，相比左侧美国的数据，右侧数据落后了一个数量级。加拿大蒙特尼区带（Montney）、阿根廷瓦卡穆尔塔区带（Vaca Muerta）和中国的四川盆地非常规产区的水平井开发速度要慢得多。例如，蒙特尼的水平井开发比其他所有盆地都早，但开发十年后仅钻了 800 口水平井。经过 6 年的发展，瓦卡穆尔塔区带只钻了 400 口水平井，而四川则仅钻了不到 300 口。如此有限的井数，不仅无法实现高产，也无法加速学习曲线，亦难到合理的盈利水平。

- "高规格"钻完井技术以及供应链管理的进步对北美非常规开发的成功至关重要。

北美陆上致密或页岩油气行业的盈利能力受益于其良好的区带描述和钻完井方案的设计与执行，从而带来了更高的流量、单井产量、资本生产率以及最终采收率（EUR）。盈利能力不仅取决于良好的区块条件，还取决于关键的技术与一流的技术能力。

除此之外，作业者需要具备一些特殊的技术能力，例如非常规钻完井技术与非常规供应链管理等方面。地质和地球物理（G&G）的工作流程很重要，但成功更多被定义为工程师的钻采能力，而非地质学家的找油能力（即不存在所谓的"干井"）。因此，关键的工作流程是钻井和完井（D&C）和油田服务（简称"油服"）的供应链管理。油服供应链对专业化的钻完井作业至关重要。单井产量取决于油服的能力，以及高度专业化的"高规格"钻完井设备、专业技能与经验。

钻井和完井技术和实践的进步（包括水平井和多级水力压裂）使以前"成熟的"或无经济性的盆地，即使在 40 美元以下，也依然有利可图。

美国原油日产量是中国的两倍，但动用钻机数却只有中国的一半（美国 80% 的钻机用于水平井钻井，而中国约为 10% ~ 15%）。如今高效水平井钻井需要非常高规格的"一级"钻机（如交流电顶驱系统、1500 hp、7500 psi 的循环三级钻井泵、重型绞车、自动化钻台装备、智能数据管理等）。然而，中国的大多数钻机用于常规直井钻井，规格较低且缺少顶驱系统。中国面临着高规格钻机以及水力压裂能力的严重短缺。

- 常规盆地（例如二叠纪盆地、加拿大西部的卡迪姆盆地）的"重生"和转型表明，开发目标要多元化，而不应仅着眼于"页岩"。

尽管米切尔能源公司实现了巴奈特"页岩气"的商业化生产，但如今美国大部分非常规产量来自于常规性和"复合"的石油系统，且油气同产。事实上，假若二叠纪盆地在中国，那么它可能还未进行开发。这个面积 8.6 万平方英里的沉积盆地，自 20 世纪 20 年代进行常规油气生产，70 年代后被长期视为"成熟"盆地且基本无经济性。然而，如今它却使美国成为世界上最大的原油生产国。

二叠纪盆地是一套非均质极强的复杂沉积系统，向上发育碎屑岩与碳酸盐岩的交替层序，中间分布页岩和富含有机质的砂岩夹层。不同的地质区域使该盆地如同一块"分层蛋糕"，同时又被非均质极强的天然裂缝网络切割。二叠纪盆地多产的沃尔夫坎普组的孔隙度为 2% ~ 12%，平均约为 6%；但其渗透率却低至 10 毫达西，因此需要进行多级水力压裂。有机碳含量（TOC）范围从小于 2% 到 8% 不等，碳酸盐浊流沉积岩的 TOC 为 0.6% ~ 6%，而其层间非钙质泥岩 TOC 含量高达 8%，硅质碎屑浊流沉积岩含量小于 1%（优质烃源岩的 TOC 含量通常至少为 2%）。

北美成功的开发经验带来的关键启示如下：

- 非页岩：我们不应只着眼于页岩层（或富含有机质、以碎屑为主的非均质层段），真正该关注的是致密（低渗透率）的碳酸盐岩（石灰岩和白云岩）、碎屑岩，以及富含有机质的碎屑岩互层段（砂岩、粉砂岩、页岩）；致密的岩石基质作为盖层，互层段作为"甜点区"（储层），从而促进油气聚集和井筒的流动性。
- 并非仅生产天然气：多相流既可以提高流量，又能带来更好的单井经济性。例如，二叠纪盆地单井产能最高的井通常产出 70% 的石油和 30% 的天然气。

- 非海相沉积：湖相沉积（富含 I 型有机质）和海相沉积（富含 II 型有机质）地层可能成为我们的目标，但 I 型有机质中具有生烃能力的有机碳含量更高，而海相沉积的页岩中，不具备生烃能力的有机碳含量更高。此外，海相页岩储层尽管发育了较多的有机纳米孔，但往往较为紧密。
- 盆地一体化：着眼于多个石油系统和层段，多层"堆叠"对取得良好的经济性至关重要；互层有助于促进油气聚集和井筒流动性。
- 并非全部为水平井或全部需要压裂：由于钻井时间短、成本低，直井占二叠纪总钻井数量的 10% 以上。但是，水平井（和长水平段）会增加井与储层的接触面积，且通过压裂改造，还可提高单井产量。例如，米德兰盆地的 Cline 页岩进行了直井开发，因为其储层较厚，而且主要为页岩层，因此，总钻井成本中的很大一部分可以用于高产层开采。此外，尽管美国大多数致密油生产应用了多级水力压裂，但较高的黏土含量等使得作业者仅对其井眼进行射孔，或使用其他液体（如二氧化碳）进行压裂。此外，巴肯等渗透率较高的区带（巴肯的渗透率为 20～80 毫达西，孔隙率为 14%～16%）压裂中水和支撑剂的用量较低。

■ 主要区带特征包括核心区的分布范围、深度、厚度和储层数量。

除了有机碳含量（TOC）之外，关键的区带特征还包括核心区的分布范围、区带的深度和厚度，以及"堆叠"的互层数量。区带描述可以识别"甜点"，但甜点数较多，不同层位甜点位置不同。

开发工作着重于：盆地一体化，着眼于致密、以油为主的互层段；油藏可及性；渗透率（油藏有效性）及流动能力（诱导裂缝或天然断层和裂缝网络）。领先的作业者在同一平台上开发了 3～4 个层段，每层多达 12 口井。

■ 各区带存在较大差异性：技术挑战和解决方案不同，各区带杰出的作业者不同，且区带间复制成功经验并非易事。

地层极强的各向异性加剧了开发的复杂程度，并面临一些重要的技术难题，例如因砂堵、含水率较高或不断提高的含水率、极低的产量和采收率、诱发地震等因素导致的停钻等。复合产层虽好，但仍需要更详细的地层解释及分析。此外，生产剖面可能看起来较为异常，这需要更复杂的分析，如天然气生产中的多相流体递减曲线分析以及含水率曲线分析等。

此外，虽然不存在所谓的"干井"，但产量前20%的井与后20%的井之间差异巨大（例如，24个月累计产油量大约相差300%，天然气产量大约相差500%）。我们还注意到，与不同作业者之间的差距相比，不同区带间的单井设计及效果差异更大，这是因为各区带所面临的技术挑战截然不同。

因此，由于各种各样的技术挑战，大多数领先的作业者都只着眼于少数区带，很少有能够将成功复制到其他区带中。盆地与区带间复制成功经验并非易事。事实上，"多区带"领导者的案例并不常见。

- 不应片面追求单井成本最小化，因为成本高的井可带来较高的单井产能。

开发中不应片面追求单井成本最小化，因为影响单井产量的因素，诸如较高规格的钻机、钻井作业的细致程度、较长水平段、较高的支撑剂用量、高质量的连续油管等，都会增加单井成本。

我们对蒙特尼区带钻井对标的研究显示（见图3.6），一些成本较高的井却带来了最低的桶油成本，因为单井优化带来的收益超过了所付出的成本。

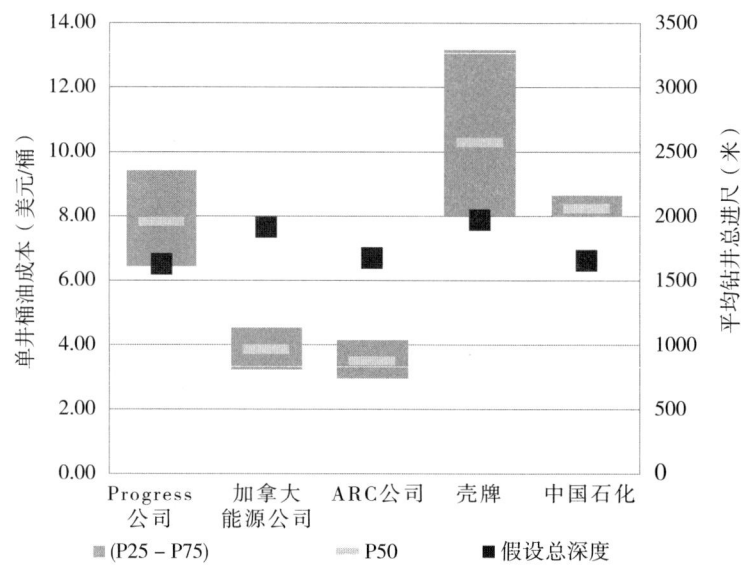

图3.6 蒙特尼区带不同作业者的单井成本

- 较长的水平段长和压裂级数、簇数和支撑剂用量（在区带所允许的范围内）往往会最大限度地提高单井产量和经济性。

诚然，水平段长度、压裂级数、簇间距及支撑剂用量的增加能够带来收益，但这也取决于区带的具体情况。例如：

- 水平段长度可能会受限于租赁区界限、地层复杂性或钻穿桥塞的能力。
- 支撑剂用量可能受到储层厚度、基质渗透率（如巴肯区）或井间连通性的限制。
- 最优井距是基质渗透率和压裂规模的函数。

当前提高采收率的趋势是通过增加裂缝数量，缩短裂缝长度，以提高压裂改造体积（SRV），使裂缝聚集分布在井筒周围。因此，压裂级数增加，射孔簇间距减少，支撑剂强度增加，砂比提高。此外，同步整体开发或有序开发（即"立体布井"、滚动开发），有效地消除了"子井"，并有助于控制大规模压裂造成的井间干扰。

油田开发和完井设计的多学科优化对于未来开发成功（以及更好的资产评估）至关重要。尽管在单井层面对水平段长度、支撑剂用量的优化越来越普遍，但目前较低的采收率（10%）表明，通过应用更优的开发方法，还有很大的上升空间，如盆地整体开发、油田整体优化、多石油系统开发以及通过更有效的 SRV 来不断提高采收率和单井产量。

中国的特殊性

中国的情况与美国截然不同，其国内油气资源的开发面临许多独特而重大的挑战。

以下列举了中国与二叠纪盆地之间的一些主要差异：

- 中国向清洁能源转型使其关注点从煤炭转向了页岩气，但忽视了具有更高价值、沉积时间较短的碎屑盆地中丰富的石油资源。
- 复杂的地面条件，井场准备所需的时间更长。
- 薄层（钻井和压裂难度系数高），埋深大（所需钻井时间更长，钢材质量要求高），复杂的地质构造（地应力场、断层等）致使机械钻速降低，高黏土含量（可压性差）和蜡含量高（流动性差）。

- 资金、技术、设备和工艺技能的短缺是面临的主要障碍。
- 油田服务供应链规模小，缺乏专业技能，"高规格"钻机或压裂泵车等设备短缺，大量使用了低规格的设备和材料（例如，水平段长度受到低廉的连续油管的限制，影响了钻穿桥塞的能力）。
- 水资源短缺可能会给水力压裂施工带来挑战，水处理和循环利用有限。
- 诱发的地震活动及其发生根源未得到充分认识或管理。
- 管输能力的瓶颈损害了产量和经济性。

但是，中国仍拥有许多潜在经济性较好的区带。中国约75%的石油和50%的天然气资源是非常规性的"复合"石油系统，但大多数都是非海相或是湖相沉积。它们由有机质丰富的岩石组成，这些岩石中夹杂着致密的碎屑岩或致密的碳酸盐岩，由于其较高的孔隙率和渗透率，更有利于油气的聚集和向井筒的流动，从而带来更高的单井产量。

我们在研究中对中国的许多盆地进行了地质建模，根据有利的地质和油藏条件，识别出潜在优势明显的区带。

与天然气区带相比，中国以油为主的"复合"油气系统的盈亏平衡点要低得多，而湿气区带则比其干气区带更具吸引力。在我们排名前十位的区带中，有九个以油为主。排名最低的13个则均为天然气区带。例如，松辽盆地的青山口组烃源岩分布的位置和深度（300~2000米）较优，具有多个堆叠的储层，并具有良好的地质和储层特性。松辽盆地青山口组、鄂尔多斯延长组和渤海湾沙河街组均具有潜在的商业价值，估算最终采出量（EUR）超过40万桶油当量，盈亏平衡价格低于50美元/桶油当量。

以气为主的区带中，松辽盆地北部登娄库组和鄂尔多斯山西组以湿气为主，经济性最好。鄂尔多斯致密气藏同样拥有广阔的前景，但却不如重烃含量高的气藏有吸引力。深层高压气藏（例如四川盆地）与以油为主的松辽盆地和渤海盆地相比，开发条件较差，由于前者的储层条件差、成本高且技术风险高。四川盆地为海相页岩，天然气含量高，但断层分布，沉积保存条件较差，且孔隙度低，热成熟度高，没有液体产量来改善整体经济性。富含石油和液体的复合石油系统（如松辽、鄂尔多斯和渤海湾等）具有优越的经济性，但尚未得到应有的重视，中国目前的开发重点仍然是吸引力较小的四川和"页岩气"。

对中国的建议

中国可以扩大国内油气产量规模，以填补国内供应缺口，改善能源安全，降低能源成本。但必须对国内上游开发进行全面战略性升级，加强对话及合作。我们初期阶段的分析显示，增加国内油气产量的几个关键机会领域主要包括：

- 赋予相关政府机构，例如国家能源局或自然资源部等相应职权，积极培育和建立类似于英国北海区域的石油与天然气管理局（OGA）等的行业"生态系统"。
- 采取"盆地一体化"战略，不仅仅着眼于海相页岩气，采取"美国式"非常规的广义定义，开发重点应为复合性致密常规和复合石油系统、湖相或海相、碳酸盐岩和/或碎屑岩互层区，以及石油和天然气并举。
- 确定更优的开发层段（如较低的热成熟度、多相流体等），如松辽青山口组、渤海沙河街组、鄂尔多斯延长组等。
- 着重持续提高单井产量和总体采收率。由于客观存在的地表和地下挑战，中国必须通过提高单井产量来弥补高昂的钻井成本，这要求作业者增加支出以降低桶油成本。
- 提供更多的资金、设备和优秀劳动力，可使当前计划的产量增加一倍甚至两倍。在致密或页岩油气开发、钻井和完井优化，以及设备和服务方面，发展世界一流的技术能力，借鉴领先的开发模式。
- 吸引致密油和页岩气领域领先的作业者参与（使其能够获得开发高质量区块的机会）；推进与国外参与主体的战略合作伙伴关系，不仅仅停留在具有技术挑战性的常规区域（例如深水和高含硫区块等）。
- 吸引更多国际油服公司参与。
- 推进集输网络、处理能力及管网等的第三方准入。
■ 对标国际最佳管理实践，提出安全监管和监督的建议。

结论

即使对可再生能源的增长做出非常积极的假设，但无论是从绝对量还是在中国总体能源结构中的占比而言，石油和天然气的重要性都将继续增长。然而，中国国内的石油和天然气产量缺口大，中国对国外进口的昂贵油气资源的依赖程度会继续增长。

与此同时，美国，曾经全球最大的原油进口国，现已成为最大的原油生产国和原油净出口国。其原油日产量是中国的两倍，而动用钻机数却只有中国的一半。

这对中国而言具有重大的启示意义。中国同样拥有庞大的资源基础，如果中国可以借鉴国际致密油气开发的经验，并复制美国的成功案例，那么将对其能源安全、国际贸易、能源成本和国内工业与经济发展带来巨大收益。

第四章

勘探与生产经营模式重构

在过去几十年中，大型一体化石油公司和国家石油公司在组织架构和内部经营模式方面达成普遍共识，其中大多数公司都朝着矩阵型组织方向发展，该组织能够把区域资产管理团队同中心化的职能部门结合起来。一代又一代的工人在这种矩阵模式下成长，行业工作流程和人才库也逐渐适应此种模式。一个核心原则或核心价值无疑能够促进思维与工作方式的一致性。这种方法还有许多其他方面的益处，因为全球勘探、项目和采购职能都可以通过规模经济效率获益，并使整个组织能够更有效地吸取和分享经验教训。因此，这种方法在许多高成本的大型项目的交付和经营中取得了突出效果。

对组织设计和经营模式方面的研究并不乐观。越来越多的证据表明，经营模式的设计比任何刻意、理性的优化实践都更具创新性。公司基于行业惯例以及通过效仿竞争对手，会下意识地更新其经营模式。第二次工业革命背景下的经济实体运用有限数量的经营模式（例如：职能、控股公司、多层产品事业部制、国家事业部、业务链拆分等）。这些经营模式基于的是对资源经济特征、技术、制度环境、人力资本、经济体中的稀缺性等的隐含假设。由于这些因素处于变化之中，经济模式随之变化，因此，经营模式也必须如此改变。然而，根据经济新常态调整经营模式的做法在行业中并未得到应有的关注。尽管如此，根据行业新的现实情况设计公司经营模式仍然是可行的。而且，通过调整经营模式，相比简单调整组织形式，能更好地改进工作流程。

如前所述，上游油气行业经历了翻天覆地的巨大变革，其资源、技术、制度环境、人力资本等诸多方面都在发生变化。此外，在非常规、深水、晚期成熟资产、油砂、极地钻探、国际新前沿勘探等方面，很少或几乎没有"世界级"作业者。

这些资源类型的开发需要掌握关键的能力，因此在经营模式方面需要做特别调整。

全球众多大型石油和天然气公司的资产组合（见表4.1）在新资源开发及其所需的广泛而关键能力方面任重道远。

表4.1 根据投资组合估算产量的新来源

	2020年产量新来源	未认可区	近海区	深水区	常规近海区	其他区
7大国际石油公司	7百万桶/天	22%	65%	32%	35%	
7大国家石油公司	5百万桶/天	30%	73%	40%	18%	9%
12家国际独立公司	4百万桶/天	25%	31%	10%	9%	60%

资料来源：埃信华迈。

此种情况需要应用低成本经营模式，该模式层级少，灵活性高，与供应商/其他作业者进行协作以及更强的本地适应性。矩阵式和集中化的职能优势仍然具有一定作用，但我们也必须做些调整来适应大环境。事实证明：现行经营模式不仅无法应用于所有区带和资源类型，亦不符合现行价格、产业经济、技术、人才等需求。

北海新经营模式

面对历史性低油价，英国石油公司（BP）认识到，需要采用不同方式管理北海地区的成熟油田，延长油田寿命，提高采收率，并延长弃置成本核算。它重新审视了其投资组合，其中发现四个油田（即比阿特丽斯、布坎、克莱德和希斯尔），其石油产量不到25000桶/日（大约占英国大陆架产量的4%），但占作业成本近20%，涉及员工数量多，每年涉及劳务合同超过1000份，发票50000份。经营模式很复杂，权责不明，内部工作流程需要许多对接，并拥有14个不同的外部伙伴关系。

这些油田后来被合并为一个组织单位，由小型资产管理团队领导，明确任务目标，提高效益、强化与经营目标挂钩的激励措施）——BP改进了组织结

> 构，简化了业务流程，引入多技能、交叉培训，以减少员工数量，指导并鼓励积极支持性工作，并采用对标方法制定具有挑战性的经营和成本目标。在第一年，通过大幅削减成本、保持或提高产量以及维持HSE（健康、安全、环境）绩效，实现了一流的业务绩效。4年中创造了1亿美元的效率收益，把安全性能提高到最高级（作业成本下降了70%，陆上配套员工数量从75人下降至仅20人）。

在一些情况下，作业者实施了广泛变革，以适应特定经营模式，例如BP将北海作业区划分为两个部门。但从历史上看，通过并购后整合或配合财务重组，石油和天然气公司仅在企业整体层面改变经营模式（如剥离下游炼油和零售业务、如弗莱彻挑战有限公司和加拿大太平洋公司进行的企业拆分、把恩卡纳公司分成切诺沃斯和恩卡纳）。

然而，其他行业在经营模式创新方面拥有很多经验，以应对不断发展的行业经济形势和技术挑战。

例如，当药物发现成功率持续下降以及"震惊世界"的大发现缩减时，许多国际医药公司采取经营模式的应对措施，该模式支持许可引进或从规模较小的独立生物技术公司获得新药渠道。

在"制药巨头"的行业监管在专利保护和渠道营销等问题上处于愈发不利的地位的情势下，无品牌仿制药竞争会侵蚀其利润率——一些行业巨头建立了自己的仿制药部门进行反击，这些部门是低成本经营模式的自主单元。全球最大的生物制药公司诺华股份公司拥有的山德士制药公司，就以其仿制药业务而闻名于世。

内部经营模式

企业的经营模式，无论是否有意识建立，通常由五个相互联系的基本要素组成，如图4.1所示：业务划分和关键绩效指标，组织结构、能力和工作流程，正式管理流程，决策权授权，非正式社会规范和企业文化。

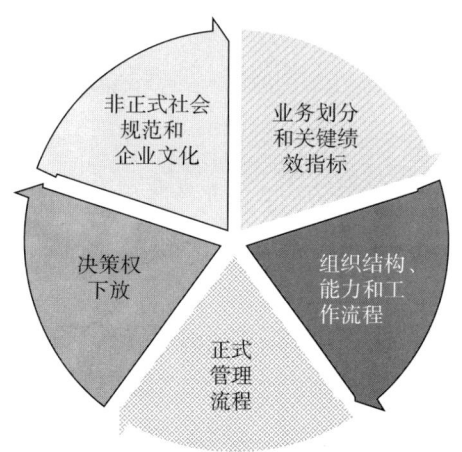

图4.1　经营模式组成元素

资料来源：埃信华迈。

业务划分与绩效评价

经营模式设计的第一步非常重要——就驱动行为和影响企业绩效方面，它可能是最强大但同时也是最危险的。最大的风险包括需要衡量哪些因素以及如何衡量这些因素（稍后要解决的问题）。因为你可以衡量某些因素并不意味着应该如此，更重要的是，这也并不意味着出于激励式薪酬的目的就应广泛地应用。在职能组织演变的过程中，许多领导者在其业务中创造了很多损益表（P&Ls）。

业务划分是企业要素的组成和区分依据，包括企业总部及其优势职能中心、一线业务单元和"后勤"经营或共享服务。经营部门可以涉及上游、中游或下游，以及不同的地理位置、盆地和区块或资源类型。

业务划分意味着为企业管理建立经济利润中心（不要与法定报告或财务会计相混淆）、绩效评价和关键绩效指标（KPIs），包括财务绩效评价和非财务指标。理想情况下，这种方式完全符合基本内在价值的原则，特别是现在石油和天然气公司的市场估值越来越重视基本价值要素,包括多年收入、现金流和经营评价(包括储量)。

这通常需要解决许多潜在的内部绩效评价问题,例如如何最好地应对石油和天然气价格和价格对冲、转移价格、分摊、成本、税费、矿权使用费,以确保内部绩效评价和指标能够激励企业内部进行创造价值的行为。

> 在比较处理绩效评价问题的替代方法时,比起任何"正确性"或准确性的理论结构,更重要的是要考虑某种解决方法能支持或引发哪些决策,以及其会鼓励哪些行为。同样重要的是,保持绩效评价尽可能简单、可靠、透明和公开,以便人们能够随时观察、理解、信任和采取行动。透明度和问责制必须齐头并进,人们需要能够快速获取、消化和讨论绩效信息,以便理解和预测决策和行动的影响力。重要性是另一重考虑——若解决方法在某种程度上无太大的影响,则应避免细目调整。最后,在可能和适当的情况下,绩效评价和KPI应尽可能与基本内在价值(即净现值)及其价值驱动因素密切对应。

解决绩效评价问题时没有"标准答案",美国通用会计准则(GAAP)的答案往往不是我们想要的;然而,对这一主题的全面处理超出了本书的讨论范围。

经济利润中心

低成本的上游经营模式将要求作业者采用更加以资产为中心的组织框架,将"损益表"问责制委托给当地的"一线"作业经理,这看似简单但很重要。成功的作业者赋予生产设施和资产管理团队经理更多的经济性责任,使其资本使用和现金消费与业务需求和机会保持一致。这种方法有助于围绕其资产和地理区域建立一个更明晰的组织,本地决策和问责制应该明确交于资产管理团队,并针对这些资产的需求和期望调整工作重点。

绩效评价的定义要求对收入、期间费用和单位成本及其相关实物资产和未来资本支出的驱动因素进行明确和匹配。例如,组织资产团队,使其对其主要收入驱动因素（例如生产）、期间费用和单位成本（例如经营支出）、有形资产和未来的资本支出具有控制权和问责制。因此，我们通常需要三种类型的数据，即驱动收入、支出和资本资本与其说是一种投入，不如说是一种经济决定）的要素。在整合的企业层面，评价更简单，因为数据可用性和清晰度问题较少（在可以估计前景的层面，也可以确定并以类似内在价值作为基准）。但在更精细的层面（即资源类型、盆地、油田、井），就会出现重要的衡量问题。

商品价格、套期保值以及转移价格

油气行业往往关注产量增长和储量接替等量化指标，因为转换为经济指标后，石油和天然气的价格波动可以掩盖一切重要的收益或问题。然而，关注量化指标（如产量或储量）而非经济价值所带来的一个问题是：管理者会忽视经济情况和相应调整的需求。

绩效评价和管理的第二个复杂因素是商品价格的套期保值。尽管石油和天然气的现货价格往往有很大的波动性，但现货价格通常没有相关性或关联性很小（即：产量可以通过长期销售协议进行远期销售，提供实物对冲，或可通过一系列场内或私人场外金融对冲）。因此，以适当的价格将产量和储量变现可能相当复杂，这取决于对这些套期保值决策负责的人。在某些情况下，作业者将采用远期价格曲线来"锁定"价格假设，以便业务单元中的产量或储量可以变现（即用于资产团队绩效评价），但随后使用实际或现行市场价格在企业层面进行绩效评价。在这些情况下，职能卓越中心（CoE），如企业财务部。

不恰当的转移定价会掩盖真实绩效，特别是在企业内部的微观层面上。转移定价未能充分解决的交叉补贴可能会产生不正确的信号——由于不全面的视角，可能会发生次优化（决策会带来某些部分、功能或流程的价值最大化，但不能使企业总价值最大化）。企业需要看到自己真正的经济价值，才能做出合理的资源分配和外包决策。

分摊

分摊包括各种分摊项目，如外部采购、日常管理费用分摊以及共同费用的分摊。这些分摊通常是日常管理费用成本，即在任何情况下都会产生的期间成本，或从概念上讲可能代表沉没的固定成本（例如产能）的分摊。

可变期间成本或沉没成本，是问题所在，尤其是在未参考潜在成本动因的情况下。间接成本和资产的分摊不当会在绩效评价中产生误导性信号。

包括医疗保健成本和离职后福利在内的全额人工成本将这些成本分摊给其主要可控因素（人员编制），使得资产管理团队在员工消耗方面做出更好的经济决策。然而，没有明确的可控成本动因的情况下来分摊首席执行官的薪酬，也不可能改善决策。

经济成本并不限于损益表的费用，还可以包括所用资本的存置成本（机会成本），真正的经济利润衡量标准将包括一些资成本使用成本。但是，在如何衡量资产管理团队使用的实际资本方面，还有复杂的问题需要解决。

成本

成本计算不当，例如固定（期间）成本和资本（例如产能成本）的统一化，往往会产生绩效的误导性信号。间接管理费用成本和产能过剩成本通常被视为单位成本，并资本化为库存，而不是作为期间成本支出。在没有资本成本的情况下，成本资本化使这些成本"免费"，并短期激励了生产过剩而非按订单生产。

从长期来看，固定期间成本的统一化会导致典型的"死亡螺旋"，随着产量下降，桶油当量（boe）的单位成本会上升，从而出现成本竞争力不高的现象。例如，有一些低产井显然是不经济的（尤其是在提议修改拟扩大美国环保署的《石油与天然气开采排放指南与标准》中的甲烷捕捉法规下，更显得不经济），而其他一些井可能只是因为它们从传统的标准成本框架中承担了不成比例的间接期间成本分摊而显得不经济。

现在，*精益制造*、*精益生产系统*或*约束理论*的实践者一般都主张某种形式的产量会计，即一种现代的全成本核算，可以包括对产能成本的计提（如占用资本的机会成本），但假定产能利用率为 100%。产量会计不是将固定成本（即包括资本成本）按实际或预算产量进行统一，而是在满负荷的基础上进行统一核算（诚然，关于"桶油当量/天"这种形式的"产能"构成需要进行一些讨论，但此种讨论是有益的）。当利用率小于 100% 时，部分间接费用仍然是未分配的期间成本。数量差异不会给井/产品的盈利能力带来负担。运用产量会计方法，盈利能力会独立于利用率和投资组合，能够更加正确且独立地做出产能决策。

联合成本与共同成本

联产品是指同时生产的产品，分摊间接成本或产能（如原油、天然气和天然气液体）。联合生产成本的分摊不当可能会误报盈利能力，并误导决策。

例如，由于所有生产线适用相同的生产成本，有些生产线可能会显示为亏损。为了解一口井的经济性，我们必须根据每个生产油流的生产能力对联合成本和共同成本进行分配来支付相应的生产成本，例如原油占一口井总产量的比重，那么它将分摊该井联合生产成本的比重。而原油的总利润就是分拆后的收入与成本之差，加上联合生产过程的分摊成本。

产能决策成本

短期与长期桶油当量/天（boe/day）产能决策需要建立*产能成本框架*。此框架将成本分成两组。第一组仅包括直接经营成本，包含生产和销售的直接可变成本加上所有净营运资本的费用。第二组由长期产能成本组成，通常由与产量完全无关的阶梯式成本组成。

经济利润贡献率揭示了企业在短期内是否具有增值性，涵盖了包括可变资本成本在内的可变成本，用于短期经营决策。短期来看，产能成本和日常管理费用属于"沉没"期间成本，经营所有产生积极贡献的资产是有利的。全成本经济利润显示了企业在长期内是否具有价值增值性，涵盖所有成本（包括固定成本和资本），用于长期产能决策。从长远来看，所有成本都应包括在内，并将产能应调整到能够覆盖所有成本的数量。

现实情况更为错综复杂。如前所述，若分摊损失小于推迟弃置成本的时间价值，甚至可能是经济的。技术约束和产能成本的"块状"性质往往决定企业的最低产能。其他复杂因素包括"网状"的资产（如管线平台和海底设备）在这些资产中，可能会利用或重新使用资本来支持其他生产流程。

账面亏损与其他 GAAP 处理

长期以来，神秘的 GAAP 会计一直是勘探与生产（E&P）业务决策（包括资源开发计划、所有者或作业者决策、融资、并购和合资企业，以及运用服务公司）出现偏差的一个重要原因。

账目录入的不必要冲突正在损害上游并购交易量和市场流动性的交易。会计学与经济学间的混淆常常使人们无法做出增值性投资组合决策。E&P 资产负债表包含许多潜在的现金来源，可以货币化，而其中一些现金来源只是需要资金来继续维持（例如，财产税）。然而，*账面亏损*（即非现金）处置却形成了障碍。比如，闲置资产或亏损业务，本来可以处理掉以换取现金，但通常会保留下来，以避免在销售中计入损失。这是一种非现金会计分录，除了可能的逾期调整信号价值外，不会产生任何经济后果。例如：合伙企业权益、非核心或业绩不佳的投资组合资产、中游资产、停产经营、未充分利用的设施和财产、闲置或过时设备和备件、轨道车以及其他运输设备、企业交叉持股、有价证券、长期投资等。现在应当核销账面亏损，缓和对已放弃机会的担忧，积累现金。

在资源开发中，资本和经营成本之间的 GAAP 区别是相当复杂的，而且这将冒着把相当多的工作直接投入到工程中的风险，而做这项工作我们优先会选择 GAAP 处理方式和 GAAP 视角理念。例如，水源管道通常是资本支出，但如果由服务公司管理，则可以有效地转换为经营费用。现在就是采用 GAAP 经济理念而并非 GAAP

视角思想的最佳时机——重新考虑你的经营选择，以尽量减少整个供应链费用结构的成本，然后用你最优的经济选择对你的借款人和投资者进行培训，不要去在乎任何不理想的GAAP视角理念。

税务处理

绩效评价很复杂，有时由于我们对税收、矿权使用费和财税体制的假设导致评价体系受到影响。税费是开展业务的实际且重要的经济成本，通常是现金成本，也是单位生产成本，成本的主要驱动因素取决于资产管理团队。长期以来，税费一直是上游商业决策的一股重要力量，有时会带来次优化选择——投资组合、收购并购和合资、勘探、资源开发、主要资本项目和服务供应链决策。例如，在海洋平台的设计和建设中，更多地运用组件标准化和模块化预构建，可以降低成本，但可能会导致无形钻井成本（IDCs）部分减少，这可用于抵扣税费。一旦做出抉择，就很难再改变。然而，税率和财税会因政治风向而变化，可用于征税的收入额会随着商业环境而变化。

关键绩效指标（KPIs）

由于衡量指标影响管理决策，管理者和领导层应格外谨慎。损益表衡量指标在商业中仍然占据主导地位，但往往因为忽视资产负债表及成本导致生产过剩、过度投资和经济性差的纵向整合。我们越来越多地看到，不同的资源类型和商业模式以不同的成本消耗着不同水平的资本。

上市的勘探生产（E&P）公司通常更关注收益指标，产量和增长等 有时会以净现值（NPV）为代价。产量增加以及基于收入的措施往往鼓励过度投资和纵向整合，因为它们会忽视资本及其成本，从而导致产能过剩，并损害利润。他们还倾向于更愿意与合作伙伴进行联合成本，以换取权益，或"买断"租赁经营费用（LOE）成本，而可资本化的钻井与完井（D&C）成本则较高。而且，他们可能会竭尽全力避免非现金开支，如处置账面亏损。当然，现在人们更加注重为减少债务而创造现金。财务陷入困境的勘探与生产公司非常注重最大化短期现金生成（即以牺牲未来活动为代价），以满足贷款契约指标和时间要求。私有或私人资本支持的勘探与生产公司更可能专注于净现值最大化，但只是限制在可用"干粉末❶"（如现金 + 有价证券 + 处置的税后收益 + 目标信用评级内的债务能力 +12 个月的形式现金流）和管理带宽方面。这可能导致对经营优势方面的过分强调，以及围绕可用性和正常运行时间、周期时间、计划内和计划外停机、油井生产率和单位成本的大量经营 KPI。国家主导的勘探与生产公司对储量替代和可再生能源等长期问题，以及社会义务和公共章程或任务中更多定性因素表现出更多关注。对健康、安全和环境的 KPI 指标的关注程度和重要程度似乎与企业的规模成正比（企业的规模和知名度越大，这种性质的负面结果产生的负面影响越大），对社会许可证经营的普遍关注也是如此。

■ 百分比 KPI。

许多管理者热衷于基于百分比的 KPI，但"击球平均数"和"投篮命中率"这样的指标不代表会赢得比赛。关注百分比可以"饿死明星"和"撑死瘦狗"❷，因为低百分比会随着任何百分比扩张的增长而提高（即使低于资本成本），而高百分比则随着任何百分比稀释的增长而显得更差（即使高于资本成本）。

我前合伙人 G·贝内特·斯图尔特三世（G. Bennett Stewart III）通过一个虚构的 NBA 教练为他的球员实施基于命中率的新薪酬体系的故事，阐述了基于百分比的 KPIs 的一个问题。在他们使用这种新体系的第一场比赛中，每个球员都上了一次篮，然后走向替补席或是球场边线，大喊道："别给我传球了——我现在的命中率是100%！"这个队以 100∶16 输了比赛，教练也被解雇了。

■ 成本 KPIs。

标准成本通常忽略或低估资本成本，并将期间成本转换为单位成本，从而产生虚假的"吸收"收益。

---

❶ 公司保留的现金储备，用以支付未来的债务。
❷ 波士顿咨询公司的市场增长率–相对市场份额矩阵将公司的不同业务区分为四种，即"问题业务""明星业务""瘦狗业务"和"现金牛业务"。"明星业务"是高增长、高市场份额的业务，"瘦狗业务"则是市场份额小、行业发展前景差、需要剥离的业务。

- 经济利润 KPIs。

经济利润（即，经济利润＝税后净营业利润－所用资本 × 资本成本）试图充分体现给定时期内对内在价值的贡献，作为使用资本成本后的利润指标——同时体现了收入、成本和资本成本，以简化涉及损益表和资产负债表之间相互协调的经营决策。此举可以将资产负债表的全部费用记入损益表。人们可以用未来所有现金流的净现值来表示内在价值，但它也可以用数学上等价的资本加未来所有经济利润的现值之和来表示。

数字油田新经营模式

科威特一体化数字油田项目是在科威特北部的萨布里亚油田建立的，旨在帮助实现科威特到2030年石油日产量400万桶油当量的愿景。它涉及创建和集成11个自动化工作流程和协作环境，以优化生产、减少关井时间并改进储层管理。关键工作流程如下：

- 生产监控，用于计算和显示关键参数，实时监控和评估油气田和单井资产表现。
- 从井下到井口，对油井进行实时建模和评价。
- "智能"生产监控，实时做出生产控制决策，并将生产与预先确定的允许率进行比较。
- 电潜泵（ESP）诊断，用于监控和优化油井作业。
- 产量分配流程，以更频繁的周期和更高精度进行管理。
- 气举（GL）诊断，具有实时控制和主动优化建议。
- 报告以显示系统从所有工作流程生成的警报、生成报修单和报告单子状态。
- 模拟模型更新，实现储层历史拟合自动化。
- 油藏可视化，用于监测水驱的地下运行状况，并提供预测性储层优化分析，并给出建议性的操作。

> 3年间部署49口油井,试验概念模型,累计增产原油75.6万桶。随后建议在科威特北部其他地区全面部署这一新的经营模式、过渡路线图、变更管理战略以及风险和风险应对计划。

组织结构、能力以及工作流程

组织设计比经营模式的任何其他要素都更受关注,因此必须小心,避免让它成为仅有的关注点而忽略其他要素。它定义了企业的跨度和层次、汇报流程、能力和功能角色以及工作流程。

组织设计的过程首先是为公司定义目的或章程,然后为其每个关键组件定义:流程自上而下、一次一个级别移动,并配合管理流程映射(即,同一级别)和决策权分摊(董事会结构、董事会成员人数及职责、过渡期临时董事会成员人数、主要管理岗位等)。职能陈述用于明确每个领域的角色定位,并明确决策规则和经营策略(例如,投票表决程序、业务冲突解决等)。首先要基于职能所需能力和职位未来状态进行规划,要避免围绕特定人群进行组织设计,这是十分艰难但至关重要的。将相关的能力和角色定位自然组合在一起形成组织架构,在最需要的地方进行协作,并将设计管理流程(和监督)的需要降至最低,以避免组织设计与实际脱轨。具体的名字和人员,加上过渡和时间安排("我们如何从这里到达那里?"),可能会在之后得到解决。

上游供应链服务的巨大增长及其在查找、开发和生产方面日益增强的作用,对功能领域和经营中的组织设计要求适应具有深远影响。同样,对商业模式(如分包、合资企业和其他非经营平台)的特殊性行业调整也日益普遍,并要求在组织设计中进行调整。

经营单位（BU）与总部（HQ）

组织结构必须迁移到更大程度上采用以资产为中心（例如，地理位置、资源类型、盆地或油气带）的跨职能团队，并更好地集成工程和地质。生产团队将不再只关注自己的项目部门，而商业团队则不太可能是被忽视或孤立小团队。这些职能的地位和重要性可以在向商业经营单位转移时得到提升，通过责任划定的方式，以提高透明度以及加强问责制。扁平化的组织结构（尤其是在面向一线的地区或前线运营领域）将降低成本并提升资产管理团队的组织地位。

> 把哪些企业优势职能中心放在总部，把哪些功能放在经营单位或资产管理团队，这两者间自然存在矛盾。例如，仿制药公司——山德士（Sandoz）在生物仿制药方面进行了巨额投资，以此将自己与同行业区分开来，但随后不得不与其母公司诺华股份公司（Novartis AG）和创新型品牌制药部门进行谈判，商讨如何最好将其生物仿制药产品投资组合进行商业化（如何用低成本仿制药行业的独特需求来平衡母公司的能力和经营模式）。

美国非常规能源公司的许多领先作业者都是独立企业，它们拥有较强的盆地位置优势，并以最高的产能与效益对其生产区域进行开发。这些盆地所在的通常足够大，可以提供规模经济也可以为单一盆地（无论是在二叠纪盆地、SCOOP（South Central Oklahoma Oil Province）盆地/STACK（Sooner Trend Anadarko Basin Canadian and Kingfisher Counties）盆地，还是马塞勒斯盆地/尤蒂卡盆地）提供增长机会。他们适应当地条件，快速达成本地优化的方法，然后使这些工作流程合乎标准，以注重有效交付。此外，当他们学到更多的东西或随着环境的变化，他们也有能力做出相应的改善。一些公司可能需要利用全球经营，在供应链、经营管理或商业营销和物流方面获得更大规模、专业知识和最佳实践，但盆地之间的地质差异很大，这意味着作业者可能还需要与当地实力强大的服务公司建立关系，以便在某些工作流程中增强各方面能力或实现相关规模效应（参见图4.2）。

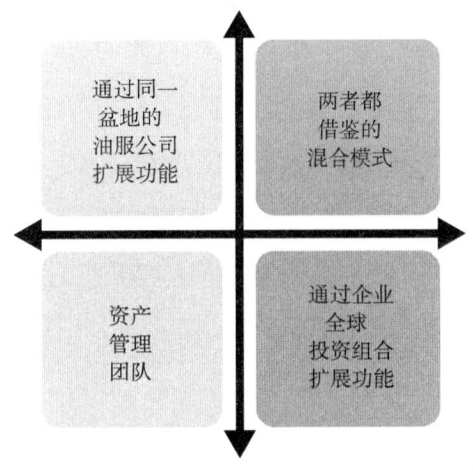

图4.2 如何实现相关功能规模

资料来源：埃信华迈。

必须在资产管理团队内部设置更多的职能专业知识，以便通过最佳方式（例如，通过微地震监测与裂缝高度测量对井间距和压裂段优化），从而更加关注特殊性情形和应用。随着供应商与企业的关系日益密切，其他组织结构必须精益求精，更精简，层级更少，跨度更大，必须努力避免职能重叠，包括组织结构中的多余职能层，以及不再负担得起的开销。在技术人才的情况下尤其如此，因为公司倾向于先雇用人才，然后考虑组织结构。在许多例子中，这些多余的职能层是为适应对汇报流程、评级和薪酬的过时思维而设立的——这种思维跟不上现在这个知识工作者、以知识为基础的工作流程或新型经济需求的时代。例如，在传统的工作评估中，像损益表这样的问责评价和直接报告的数量，回报了太多损益表和层级，而没有意识到今天的流动工作流程越来越依赖于合作人员的项目团队，而不是部门或永久的组织团队。

工作流程

每个拟议的组织设计调整都有其企业工作流程的必然结果。例如，向在本地资产管理团队中容纳更多经营权力和功能作用的举措，就要求业务线经理负责开发和经营工作流程，而不是完全照搬高度规范的公司政策和程序，包括与上游供应链服务供应商的本地协作。这使得资产管理团队能够以最适当方式处理其盆地、油田或子区块的地质特征和商业条件，并减少决策、批准和行动所需的"接触"数量。此外，企业工作流程越来越需要区分典型大型项目管理和精益生产管理，我们需要更加强调持续流程和资本有效利用，特别是在非常规领域、油砂以及成熟的深水油田运行。这些工作流程需要简化。复杂耗时的审批流程可能适用于大型项目（以高成本石油），但需要更少的步骤以及更少的职能间接触。

新改进的工作流程必须通过地球物理学家、地质学家、油藏工程师、钻井作业者员和地面工作人员之间的定期讨论，才能在资产管理团队内实现更好沟通。令人惊讶的是，有迹象表明这样的流程却没有广泛的应用。例如，在非常规油气田中，必须高效执行大规模钻井与完井（D&C）工程，快速调整实时信息，优化良好性能，管理意外复杂情况。同时也需要跨地上、地质、施工、钻井、完井和生产来进行整合。大数据风靡一时，但技术数据和分析的效用依赖于将数据整合到资产管理团队中，以更好地利用生产和地球物理数据——特别是数据很容易混淆的地方，因为这些数据是从其他职能部门借鉴而来的类似或相同的术语。

工作流程还可以通过一种技术方法来进行改进，该方法能够在资产团队中轻松地共享输出，从而鼓励持续参与，而不是对任务采用旧的线性方法。同样，尽管这些好处显而易见，但此方法并未被广泛采用。高度集中的资产管理团队将更有可能：使用资产生命周期的地球物理数据来持续增强地质情况理解；集成地质生产和工程数据，同时规划完井（例如，地震衍生孔隙压力预测）；允许实时定向钻井，不断更新钻井计划，以优化开发。重点不在于油藏工程或地球物理，而在于整合资产生命周期能力。

地质技术工作流程和大数据分析

采用新兴技术降低成本和提高采收率（如自动断层提取）的地质技术工作流程对开发做出积极响应，这种开发是以本地为中心的应用（即资源型油田、盆地或子盆地）。资产管理团队拥有大量且不断增加的内部地震数据和井数据，这些数据更加详细、准确且有时效性。此外，大多数作业者还可以收集大量第三方地震和探边井信息——这种类型的分析可以包括给定区块中的所有作业者，还要考虑年份等重要差异，以充分实现商业潜力。关键是使用所有这些信息来改进发展计划和井设计。

例如，在大多数区块中提高对断层和裂缝网络的检测、了解和预测至关重要，但可视化裂缝的确切位置和几何形状确实很难。通过更高的分辨率改进断层网络的可视化，使工作流程能够更可靠地划定断层并预测流体通道和裂缝高度增长，并将这些结果与其他地震数据和井数据整合起来，以评估断层所需的可视化网络容量。自动化断层提取技术可以取代劳动密集型手动断层映射，或用作手动解释和模型生成的基础。一些地球科学家可能错误地将*亚可视性断层*列入亚地震和"不可映射"类别，但可以从具有较新技术、经验和与其他数据组合的地震数据中提取。自动断层提取技术减小断层识别界限，包括断层激发和断层长度，并且可以在亚可视级别提供有关断层信息。并非所有属性都会产生可靠且有意义的结果，因此有必要筛选各种不同算法并与其他参考数据进行比较。基于本地工作流程能够确保的是，可以使用其他最相关数据来源指示（包括微地震监测、井、钻井或生产数据）对地震衍生断层网络进行校准和测试。该方法有助于缩小或弥补地震识别断层与从井数据（如，成像测井、岩心、相关性、试井、生产力、滤失）中确定的断层间的比例差距。当与裂缝流体性质和地质力学数据相结合时，可以得出良好约束和空间精确性流体模拟，以更好了解油井生产力并优化未来油井生产。

标准化与优化

标准化有很多好处，一般来说，油气行业需要采用更加标准化的流程、采购和规格来降低成本。但是，采用新兴技术降低成本、提高油井生产力、提高采收率的地质科学工作流程通常通过更注重资产应用的形式对开发做出有利响应。此外，在某些情况下，例如在非常规钻井与完井中，高效执行包括校准实时信息，以优化油井性能或管理不可预见的复杂情形。

尽管对精益制造和工厂式生产的提及十分普遍，但 D&C 优先级必须在标准化效率提升与油井优化的生产率提升间找到平衡点。非常规钻井与完井地下风险表现在油井生产力的巨大区域变化上——不仅是岩心面积的全部空心范围，还包括地质力学模型的许多关键要素，包括地质学、应力状态、预先存在的断层和裂缝网络以及孔隙压力。此外，除非部署获得必要资源和人才支持，以推动组织处于具有竞争力的盆地位置，否则技术（如设备或信息技术）将无法实现其最大潜力。因此，我们必须防止过度应用集中规定的标准化——D&C 是一组重要的工作流程，可以受益于更多本地规定的优化和"标准化"，包括压裂技术、支撑剂使用、多级压裂滑套的使用和设计、复合塞和裸眼井隔离系统。

人才

油气行业中的大多数企业将受益于教育和培训，以在资产管理团队（包括工程师和地质师）中培养更高水平的商业经营智慧。现在油气行业面对新的商业情况，现在比以往任何时候都更需要商业头脑和商业意识。仅仅精通技术已经不够——工程师和地质师必须把他们的分析、解释和建议放在经济方面，因为这是商业语言。资产管理团队成员需要直观了解其成本和成本动因的规模和概况、交易以及如何影响它们。

油气行业的公司已经采用决策树和资讯价值（VOI）分析作为行业中的一种协议，该行业以前曾犯过"为了数据而追求数据"的错误。这强烈表明，任何投资都需要一个健全的商业案例。例如，提高地质认识程度的成本应当通过对预测井提高采收率，降低勘探和开发成本来实现。将水平井放置得太近会增加钻井预算。将井眼定位在次优化位置或方向会降低 Pl0、P50 和 P90 的产量、产能和储量。地质认识程度还有助于降低钻井风险，增加成功的机会。

由于油气行业的周期性，多年来的低油价，顶尖人才没有被吸引到这个行业，招聘也很少。这导致 2020 年以后经验丰富的行业专业人才出现巨大缺口。由于经济衰退和其他原因造成的人员流失，当经济周期反弹时，油气行业可能会面临人才缺口。作业者和石油服务公司削减人员编制，可能使得整个人才库在全周期基础上处于不可持续水平。因此，变革可能需要注入新人才，更多招聘和培训当地专家，以及延长新人才的轮岗时间。

经营管理流程

许多企业除了后勤流程（例如合规、风险和法定报告流程等）之外，主要的正式经营管理流程通常包括：

- 预算和规划（例如战略规划、资本拨款、业务预算）。
- 绩效记分卡报告（例如，要况快报、月度计分卡、财务报表）。
- 绩效管理（例如，经营审核的长期流程和时间表、业务"筹划"会议、与绩效相关的管理对话等）。
- 管理直接薪酬总额，包括奖励和佣金。
- 人才管理流程（例如招聘、培训和发展、继任规划）。

在许多情况下，通过修订正式管理程序及相关授权，可以同样容易地改变组织结构设计。但是，理想情况下，这两个元素会使变化受到影响，以便它们相互加强，而不是背道而驰。

如前所述，许多情况下都需要经营单位、资产管理团队或资源类型适应。例如，KPI 和目标可能有所不同，以适应经营重点和冗长的资本拨款流程，这涉及许多方面。例如：专为深水项目设计的决策阶段可能不太适合非常规项目或加拿大油砂。

资本规划和审批流程还需要更好的成本估算和风险评估，因为成本超支往往更多地反映了过度的乐观估计，而不是真正超支。决策阶段、单点估计和一般不确定性范围往往过于注重技术定义，对其他因素的评估和规划不足，如供应链的不确定性和其他地上风险。这低估了时间框架和成本方面提高的不确定性。

资产管理人需要绩效评价和管理体系，以有效地启用、授权并负责交付。定期报告透明和明确记分卡，加上教育和培训、分析工具（见图 4.3），以及频繁的与业绩有关的对话对于充分发挥业务潜力至关重要。

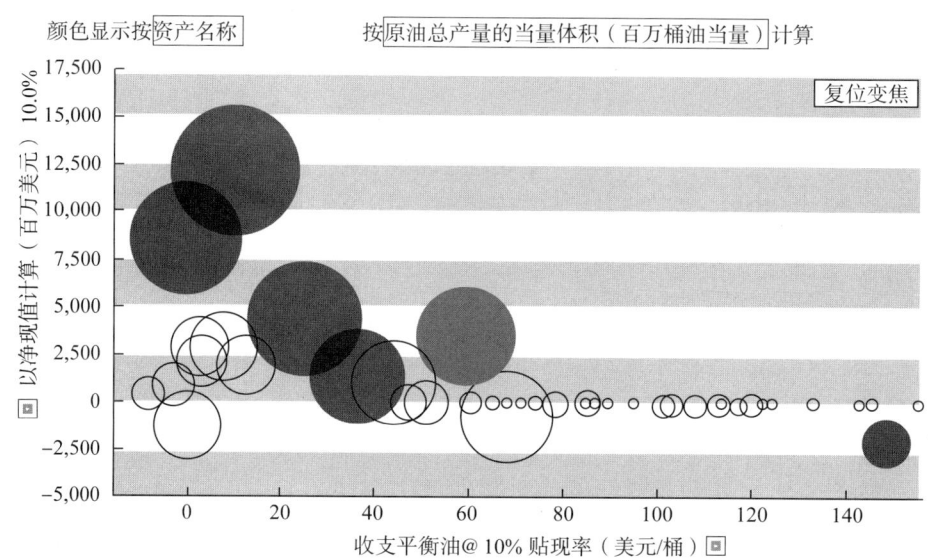

图 4.3 上游投资组合工具

资料来源：埃信华迈。

决策权分配

权力或决策权分配，即通过确定流程所有者、负责每个步骤或行动的人员、以及在此过程中必须咨询或告知的人员，来确定每个管理流程中的每个步骤的人员及其负责的范围和批准的范围。

角色和职责通常围绕现在无处不在的框架（称为"RACI"❶即"谁负责""谁批准""咨询谁"和"通知谁"）的某些演变框架来构建。这些RACI图表明确每个形式

---

❶ 谁负责（R = Responsible），即负责执行任务的角色，其具体负责操控项目、解决问题。
谁批准（A = Accountable），即对任务负全责的角色，只有经其同意或签署之后，项目才得以进行。
咨询谁（C = Consulted），拥有完成项目所需的信息或能力的人员。
通知谁（I = Informed），即拥有特权、应及时被通知结果的人员，却不必向其咨询、征求意见。
RACI模型通常利用RACI表来帮助讨论、交流各个角色及相关责任。

管理流程中的角色和责任。决策权可以通过结合角色和流程步骤来区分，以确定负责人。

在许多情况下，组织结构和决策权分配间的并行有效地提供了两种替代解决方案。几乎任何组织结构图式的解决方案（例如汇报流程和责任领域）都可以通过分配决策权（RACI）来实现。RACI 通常只是试图简单地加强良好组织设计（例如，流程中所需的个人责任和协调）所反映的相同职能和角色定位。

RACI 分摊必须同时考虑到当前和期望的企业文化。例如，鼓励建立共识的愿望将倾向于重要协商，而强调决策执行速度或灵活性可能会选择更多的信息，而很少分担责任。最好是只有一个负责人（R），并尽量减少批准人数（A）。权衡通知的人（I）和咨询的人（C）来提高组织决策和完成工作的能力。

与组织结构一样，决策权的分配还必须适应特殊性的行业调整，如油田服务外包和非经营平台。新经营模式将为生产线管理者和资产管理团队提供更大的决策权，减少审批数量和集中规定的职能支持数量，而不仅仅是合规和风险所必需的报告（例如，法定报告），但也是指在企业范围内（例如财务）中提供最好的专业知识或相关规模的报告。

例如，资产管理团队将受益于更大的易用性和权威性，以采用更适用于采购服务的规范和/或预测性及预防性维护工作流程，以更加适合其资源基础和生产设施的特定需求、剩余寿命和风险概况。他们还需要更多权力来与其所在区域的服务供应商和作业者共享成本、资产或功能。这可能包括区域地震或探边井数据、水源储水处理和管道/平地软管、维护和备件、运输和住宿，甚至研发。

非正式社会规范与企业文化

非正式社会规范和企业文化包含了我们如何表现自己以及"上层的基调"。社会规范和企业文化往往比明确设计的影响更大，但领导示范行为的影响确实相当大。

企业文化也与高管薪酬的设计有关（有效的是二阶结果或意外后果），而且在这一领域仍有许多困难。就企业文化而言，有几个可控的因素控制着结果，这些因素包括以下几点：

- 设计激励机制，包括高管薪酬、销售人员薪酬、绩效奖金和奖励，以及有关获得信贷的正式和非正式规范。
- 构成企业取得胜利的因素，以及企业应对输赢的方式。
- 领导者、经理和员工如何沟通（例如，语气、时间、频率、一个领导与一个员工沟通或一个领导与多个员工沟通或多个领导与多个员工沟通等）以及通过哪些渠道（例如面对面、电话、电子邮件、文本、基于网络）沟通。
- 围绕团队和决策的社会规范。
- 对冒险的偏好和对错误的态度。

有许多行业专家建议：从领导者的角色开始，对企业文化进行修改。我们需要更多的创业和商业导向的文化，更偏向实验和持续改进，以提高勘探成功率，减少前端设计和工程投资，提高资源采收率，提高油井生产率，降低经营成本。

成功的领导者能够让自己的员工信服，对基础业务具有极大兴趣，为经营细节做出努力，并致力于改变文化，从传统的、等级分明的指挥和控制上游业务转变为适合知识型员工经济的企业，更注重经济盈利和商业成功。如今，这些可能不是当今劳动力的典型或开放信息模型（OIM），所以许多公司都在寻找行业之外的领域，以找到正确的功能和心态。

安然（Enron）公司经营模式的失败

能源巨头 Enron 的悲剧案例及其经营模式中存在的本质缺陷已在文献中有很多的研究和记录。该案例说明：两个核心要素（即绩效评价和高管薪酬）的不恰当设计如何在第三个要素（即企业文化）中显现，并最终导致失败。安然公司及其高薪顾问团队实施的经营模式，严重依赖以收入为导向的绩效评价，尽管油气行业传统上属于资本密集型行业，但却忽视或低估了资本数量和经济

> 成本。此外，他们希望他们的"虚拟公司"战略是"轻资本主义"的商业模式，他们将这些不完整的绩效指标与高杠杆化的高管薪酬相结合，产生了误导信号和有害的激励措施。最终，正是因为只关注于华尔街才导致企业文化高度严苛。

关注"华尔街"的企业文化

与税收和会计处理的影响一样，对华尔街的关注是许多上市公司企业文化和商业决策的扭曲根源。对企业文化和企业绩效方面的研究发现，很多问题与上市公司有关。最好不要预测收益（如没有指导），要关注长期业绩，而不是华尔街分析师。摩根大通首席执行官（CEO）建议："不要做盈利预测，因为很难预测每个季度会发生什么。我甚至不关心季度收益。"他对高层基调的设定不是根据收益与分析师预期的比较，而是这家银行是否在为客户服务并在市场上赢得业务。他还认为 CEO 们"开始做出他们不应该做出的承诺"。尽管许多摩根大通股东"完全赞同"长期管理，但股市的其他股东对短期业绩可能反应过度。传奇投资家、伯克希尔哈撒韦公司首席执行官沃伦·巴菲特也提出了同样的建议，反对发布财务预测。他说，他通过每年给股东写的年信，来告诉投资者他们需要知道的事情。

此外，投资者关系噱头未能变为商业策略。CEO 们必须重新谈及有关战略与执行的对话，对华尔街"说不"。上下层级管理者都在致力于制定战略、计划及其执行，但数据呈报时，他们往往达不到华尔街的期望。高管们的反应经常是"鼓励"中下级管理者重做计划、预算和预测。最终，有关战略和执行的建设性对话实际上被与华尔街言论相关的投资者关系论调所取代，这种对话以 GAAP 会计和无休止的衡量标准为特征，多会取得与具体行动计划无关的结果。而这样会损失是关于行业方向和需求、必要组织能力、资源和人才开发，或公司"获胜权"愿景的任何建设性辩论。关于成果的讨论取代了可操作投入的讨论。CEO 们必须重新讨论有关战略和执行的问题。

帝王式的首席执行官

只关注财务可能会让高管们显得难以接近,让他们更加着迷于华尔街分析师的观点,而不是员工的发展和业绩。与此同时,CEO 们倾向于采用"帝王式"的领导风格。他们做出决策并制定战略,却很少投入或讨论,而他们的公司成为名人生活方式的一种工具,到全球参加公共论坛,向投资者和分析师发表演讲。在技术的支持下,他们营造一种全天候 24 小时保持联系的氛围,但实际上,他们与自己的业务和所领导的人失去联系,这很危险。他们常常直到为时已晚才听到坏消息。但领导者需要平易近人,尤其是在出现错误和坏消息时——领导和员工之间的距离绝不应该很大。在知识型员工组织中,战略和商业计划的执行是最成功的,一线人员在他们的发展中扮演着重要角色。

邮件管理

沟通是牢固关系的基础,持续、开放和有效的沟通是建立员工之间关系的基础,而这些关系又以尊重为前提。受到尊重的员工工作效率更高、更忠诚、更敬业、任期更长。

然而,对于油气行业来说,人员沟通确实很困难,我们面临许多障碍,包括多种语言、跨多个时区的地理分隔以及假期和每周工作日的不同管理。此外,大多数管理者在有效沟通方面没有受过专业培训,而技术沟通方面做得也很差,尤其是通过电子邮件进行沟通。电子邮件在正确使用时可以是一种有效工具,但它肯定不能替代面对面沟通或员工日常管理,而且在许多信息方面,电子邮件不是一个恰当的媒介。

遗憾的是,业务领导和管理者越来越多地将电子邮件作为他们的主要管理工具——分配任务,提供反馈,传达敏感、复杂或微妙信息,以及进行需要对话的双向沟通。浪费在电子邮件链上的工时对于该行业的一些公司来说是一种代价高昂的流行病,同时也会削弱员工的士气和工作效率。

行业演变影响

行业演变的影响对于新战略议程和上游企业"取胜"的必要能力以及企业经营模式的需求方面都具有重要意义。表4.2概括了第一章中的演变,其中列举了这些变化对战略议程和企业运营模式的影响。

表4.2 行业发展的影响

行业发展	对战略议程的影响	对经营模式的影响
全球资源库	更有力的案例表明,通过分包、合资企业、收购/资产剥离,以便在每一种盆地/资源类型中实现相关规模和/或必要功能。	更有力的案例表明是由资产团队组织,作为关键功能的主要轴心;加强公司投资组合管理能力和审核流程。
非常规油田波及效应	公司投资组合可能需要分配一些用于短期供应/存储;低渗透储层的机会;美国石化、基于成矿的转化和电力密集型行业的机遇。	对于非常规的投资/经营可能需要单独的组织或经营模式;越来越需要低成本的经营模式。
关于油田发现方面的挑战	勘探与生产公司可能会在前沿勘探、合资、并购和领域增长之间做出战略选择。有些人可能会选择将重点放在现有盆地和传统油田之上,以降低成本并减轻勘探成功率的下降。其他人可能会选择专注于非常规方法,而地下风险和成本状况却大不相同。	支持任何战略选择(例如勘探或油藏工程师或A&D或公司发展等)的支持组织能力和流程。无论如何,地下表征能力比以往任何时候都重要,并且前沿勘探预算是高等级的。
产量逐渐减少	在提高采收率方面需要具有更强大的能力(对于常规和非常规油田);还通过压裂、储层接触、填充钻井等进行管理。	要么是在资产管理团队内部或总部,要么是在盆地内的油服公司下,提升支持性地下表征、油藏工程以及生产工程功能和过程。
成本和资本利用率	要求对结构变更进行投资,以降低成本/提高生产率(可持续且可扩展)。	改变经营和业务模式以利用优势功能,分摊价值链中的成本或资产,简化流程。
技术和专业知识	可能需要缩小经营的投资组合来缩小关键功能的范围;而需要强大的功能来增强页岩气和致密油的一次和三次采收率。水平井的人工举升是一门不断发展的科学,而且还可以通过储层接触、填充钻井,侧向压裂设计与缩小间距之间的权衡以及探索压裂的前景来提高采收率。	适应经营和商业模式,在投资组合的关键领域发展得天独厚的低成本能力。

续表

行业发展	对战略议程的影响	对经营模式的影响
供应链和服务	充分利用外部能力;共享资产和活动以扩大规模并提高利用率。	通过消除重复和重叠来简化成本结构;优化总部和业务部的选择。
财税和监管	复杂而专业的领域需要专业知识来进行战略选择并影响环境。	加强财税/监管能力和流程。
社会许可证和环境成本	细微而备受关注的行业问题需要专业知识来影响外部环境并帮助进行战略选择。	勘探与生产公司需要一种经营模式,该模式需要比以往任何时候都更多地投资于战略沟通,以支持和促进社会许可的经营。
油气价格低	需要超出供应商让步、项目延期和削减开销之外的投资和变更,以减少系统内在的、结构的和系统的成本。	在行业做得越来越好的同时,削减成本;减少组织层的数量/增加报告范围,委派更多决策权,尤其是面向部门(即资产管理团队)。

资料来源:埃信华迈。

商业模式的考虑因素

除了经营模式本身,在更新企业经营模式时还会出现许多关于商业模式的考虑因素,特别是在重新考虑成本结构的压力方面。本节概述了一些关于勘探生产行业商业模式的考虑因素的示例。

其他人可能更有效地经营/生产

在大多数勘探与生产公司中,上游投资组合资产的规模、地理位置或资源类型使所有者缺乏本地规模和/或相关专业知识来获得竞争优势。因为这些资产在其他人手中可能获得更多的价值,这些资产可能是低价出售或直接出售/转让所有权的最佳选择。但关键是要确定谁是最值得(例如,最高采收率/最低成本生产者)拥有/或经营这些资产的自然所有者。在相对议价能力的情况下,要及时达成交易,可能需要灵活处理如何将每个头寸(如低价出售、非经营投资、销售等)货币化。

在得天独厚的条件下进行合作

由于当地专业知识、优势资产以及其他因素,上游作业者和盆地/区块间的关键功能的相对优势和劣势差别很大。如果其他作业者具有独特优势(见图4.4),则合作可以产生重大收益,在结构合理的协议下共享。合资企业和其他形式的合作很常见,部分原因是它们将关键功能的相对实力差异货币化。

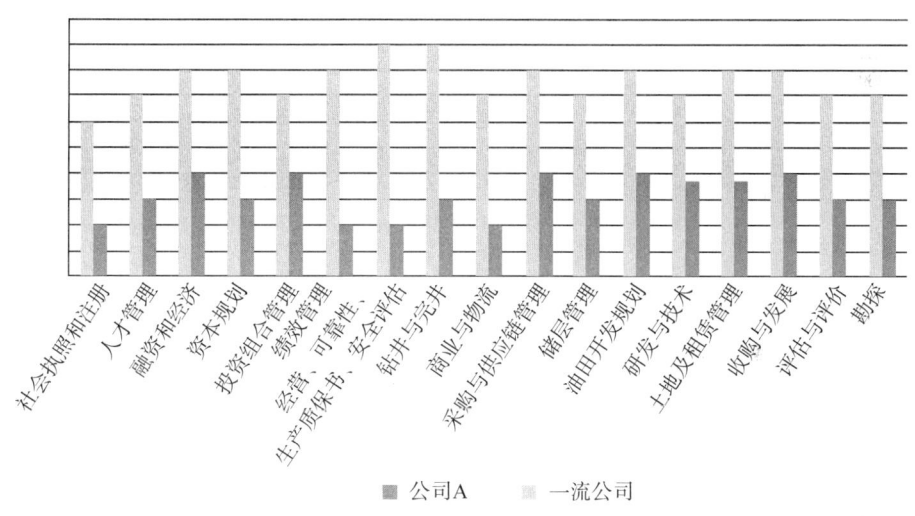

图 4.4 在功能或规模有利的情况下合作

资料来源:埃信华迈。

在许多情况下,作业者可能会共享经营资产,以减少投资、提高利用率,或者通过共享活动来实现规模经济。例如,土地面积的联合经营可以实现更长久的分支,提高租赁持有开发效率。同样,海上平台、旋转设备、脐带缆、海底集油管汇以及"采油树"的备件也可以共享。还可共享活动以利用关键功能或实现规模经济,例如地震采集/地震库,或尚未迁移到供应商的井服务活动。

使用供应商或客户能力降低成本

上游要想取得成功,就需要跨越不同地理位置和资源类型,也需要很多不断优化的关键功能。一些公司越来越多地迁移到第三方供应商,以寻求更多专业知识、规模经济或利用率,可能还有更多。比如,使用水源管道/平地软管可以避免卡车运输来节省大量成本,但需要投入初期的资金。替代淡盐水或循环回流和使用采出水可以降低成本而且足够专业,以至于供应商在米德兰和特拉华盆地如雨后春笋般涌现。

第五章

并购整合（PMI）和其他事件驱动重构

从历史上看，尽管油气行业不断演变，但公司一直不愿在全企业范围内对经营模式进行改革（尽管曾发生过作业者实施重大变革情况，例如英国石油公司在北海分为两个部门，其中一个侧重于成熟的油田经营）。与这种惯例相反的其他情况通常指的是经营模式重构的事件驱动型案例，例如并购整合（PMI）和财务重组——许多下游炼油和零售业务的撤资以及企业拆分，如弗莱彻挑战有限公司解体（包括弗莱彻挑战能源公司，随后由阿帕奇和壳牌公司收购）和加拿大太平洋有限公司[包括泛加拿大公司，随后与艾伯塔能源公司合并，形成加拿大能源公司（EnCana）]。EnCana 的分拆也是一次财务重组，使企业对经营模式进行了全范围改革，将公司拆分为两个更集中的业务[一个一体化石油公司塞诺佛斯公司（Cenovus）和一个专营天然气的加拿大能源公司（EnCana）]。首次公开募股也可以触发事件驱动经营模式进行重构。

事件驱动经营模式转换

由于油价如此之低，出售沙特阿美这家全球最大石油公司的股份似乎有些不合时宜。但沙特阿美首次公开募股（IPO）与市场时机无关，也并非只是一笔金融交易。它将作为变化的催化剂（即文化变化、经济演变和发展，整个企业经营模式重构）——事件驱动程序[如首次公开募股和并购整合（PMI）]仍然是在企业范围内经营模式转型的首选途径。

自从大约 100 年前国家石油公司（NOCs）成立以来，其作用和所有权一直是争论焦点。这场争论不仅对石油出口国公民的经济福祉至关重要，而且对全世界人民的繁荣和安全也至关重要。国家石油公司对世界常规石油产量和探明储量的主要部分负责，正发挥着越来越积极和重要的作用。它们正在带领国内努力实现经济发展和多样化，并在国外进行越来越多的投资。此外，随着可再生能源在世界一次能源组合中所占份额越来越大，我们期望国家石油公司扩大经营或建立新的实体，以在这个新兴但至关重要的能源领域发挥类似的领导作用。

从一家上市公司的视角来看，沙特阿拉伯过去两年在低油价问题上的行动不仅合情合理，甚至可以预见。它可能代表相对直接的经济决策，并非是关于*市场份额*的零售策略。由于美国致密油和加拿大油砂的扩张，沙特阿美石油公司认识到其在全球不断变化的供应曲线方面具有成本优势，并等待经典经济理论来恢复供需平衡，而不是与市场力量对抗，或冒着价格和产量下降的风险。当季节性减产开始时，每天每桶 5 美元的额外产量就能带来 5000 万美元的收入（即每月 15 亿美元），减产也不代表其成本优势的逆转。

寻找完美的所有权模式

国家石油公司的所有权仍然不是固定的，因为没有一种所有权模式能够达到理想的形式，而且这些所有权模式会发生许多变化，甚至逆转的情况，例如英国石油公司、阿根廷国家石油公司和加拿大石油公司。

英国石油公司（BP）成立于 1908 年，前身是盎格鲁-波斯石油公司（APOC），但在 1913 年，英国政府获得了 50% 的控股权。在温斯顿·丘吉尔的帮助下，该公司在接下来的几十年里迅速扩张，在伊朗、伊拉克和苏格兰进行上游开发，并在航运、管道和炼油厂进行投资。20 世纪 70 年代，该公司的石油资产在伊朗、伊拉克、利比亚、科威特和尼日利亚被国有化，导致无法直接从石油输出国组织（OPEC）获得国家资源。在考虑过向煤炭、矿产甚至营养行业进行多样化经营后，英国政府于1979年出售了5%的股份，并在1987年出售了剩余的股份。

阿根廷国家石油公司（YPF）成立于1922年，是一家国有企业，旨在促进经济独立和国内资源的所有权和控制权。1930年，YPF成为外国石油信托支持的军事政变目标，1993年被私有化，1999年被西班牙雷普索尔公司收购，2012年重新国有化（51%）。其历史突出表明：在国家对自然资源的控制和这种行为经常带来的难以实现的期望的前提下，将一家公开交易的公司的需求与一项国内任务相协调，是一项挑战。

加拿大石油公司，作为加拿大总理皮埃尔·特鲁多（Pierre Trudeau）经济民族主义的一部分，成立于1975年，当时是一家国有石油公司，希望能更直接地从全球高油价中受益。政府最初持有泛北极石油公司（45%）和Syncrude公司（12%）的股份，外加15亿加元的现金。作为国家能源计划下的能源政策工具，它收购了加拿大阿克石油公司（1976年）、太平洋石油公司（1978年）、菲纳石油公司（1981年）和英国石油公司在加拿大（1983年）的下游炼油厂和零售网络，而且成为了加拿大油砂和海上海伯尼亚最大的作业者之一。但在1991年，新的保守党政府开始将加拿大石油公司私有化，国家持有19%的股份，其他股东不得持有超过10%的股份，外国控股不得超过25%。以低油价为特征的时代，是石油行业的一个困难时期，该公司将员工从11000人减少到5000人左右，出售资产，在资产重估方面蒙受了巨大损失，股价下降。2004年，政府出售了剩余的19%股份。

分析师在推荐投资任何类型的国有企业时，往往都非常谨慎。尽管沙特阿美石油公司地位显赫，但也不例外。国家石油公司的历史，包括政治干预、腐败、投资不善和投资不足。巴西国家石油公司（NYSE：PBR）的投资者股价在过去10年里下跌了近90%，而这家曾经的标志性公司也经历了一场重大丑闻。但对国有企业的投资也取得了长期回报——在21世纪初油价从每桶30美元上涨到每桶75美元，沃伦·巴菲特对中石油（NYSE：PTR）的投资回报率超过600%。

准备上市

在为成功转型为上市公司做准备的过程中，我们可以从那些已经有所实践的案例中学到很多东西——无论它们成功与否。但也有很多值得学习的案例，国有企业成功地完成了一个"商业化之旅"，它们没有借助控制权变更的好处来帮助它们完成必要但艰难的变革。如果没有IPO的促进作用，任何组织转型都必须更有计划、更有目的性。

20世纪90年代，美国邮政部长马文·鲁尼翁将军成功引领了美国邮政服务的广泛商业化转型。十年后，首席执行官莫亚·格林（Moya Greene）带领加拿大邮政（以及最近的皇家邮政）全面转型，实现商业化。虽然其范围和重点存在显著差异，但在这两个案例中，通过业务战略和经营模式的彻底改革，不仅提高了服务水平，而且也提高了员工敬业度，成本也在削减，同时资本效率也在提高。

然而，勘探生产企业则相当独特，因此必须设计相应的经营模式。例如，在勘探生产中，我们充分利用了合资企业（JVs）和非经营模式（NOVs，也称为OBO，即由他人经营）。合资企业往往用于联合地下风险和或资本需求（这两种情况在上游项目中可能重大又艰巨）。在公司没有足够规模来满足有效聚群效应规模的区域或资源类型中，非经营模式可用于降低经营成本。非经营模式还用于在新区域或资源类型中进行安全且低成本的早期勘探和开发。

因此，国际石油公司在世界不同地区运用非经营模式往往能反映它们的区域优势和劣势（即在该公司经营足迹较少的地区运用更多的非经营模式，而在该公司经营足迹较多的地区运用更少的非经营模式）。认识到非经营模式生产和储量在上游油气中变得日益重要，超级巨头往往拥有独立的非经营模式组织和经营模式来协调和分享最佳经验。在某些情况下，资产投入生产后会从非经营模式的资产组合里移出。

第五章 并购整合（PMI）和其他事件驱动重构

成功的关键因素

最佳的企业所有权和经营模式不仅在国家石油公司的情况下难以实现，许多公司也难以应对这些难题。我们可以从文献中推断出 IPO 的许多有用的成功关键因素：

- 不要预测收益。CEO 们必须关注长期业绩，而不是华尔街式的短期分析。如前所述，知名投资者、知名学者和治理专家以及进取的 CEO 们通常会反对提供盈利预测或指导。
- 不要让你的投资者关系论调成为你的商业策略。各级别的管理者在策略、计划和执行方面努力工作，但当呈报数据时，他们可能会达不到要求。高管们通常的反应是"鼓励"中下级管理者"重做"预测。最终，关于战略和执行的建设性对话被投资者关系论调和华尔街言论所取代，其特征是无休止会计准则的指标，往往得到与具体行动计划无关的结果。关于行业方向和需求、必要的组织能力和人才发展或公司"获胜权"愿景的任何建设性辩论都将丢掉。对结果的讨论将取代可操作投入的讨论。CEO 们必须重新讨论策略和执行问题。
- 将管理者的利益与所有者的利益保持一致。CEO 们必须解决公司资源所有者和管理者间的冲突。诸如勘探等行业，由于技术考量会混淆商业决策，造成完成工作极其困难（IT 部门正遭受同样的挑战）。比如，因为企业缺乏相关的有效开发组织能力，所以无论将缺乏低成本（即每桶）经营聚群效应的投资组合资产进行低价出售，还是将某些资源类型／地理位置的资产迁移到非经营模式中，只要这些结果不符合技术专家的自身利益，他们就很容易对改变或行动设置内部障碍。

此外，二十世纪传统的公司治理模式（分散公有制、没有实质性所有权的职业经理，以及由管理层任命的外部人员主导的大型董事会）更适合高增长行业，在这些行业中，有利可图的投资机会超过了它们内部产生的现金。这些企业不太可能有计划地投资于边际项目或无利可图的项目,尤其是在它们必须定期返回资本市场以获得更多资金时。替代性的企业组织(如,私募股权投资组合公司)和经营模式已经出现,其中具有共同利益的代理商在经营效率、员工生产力和经济绩效方面取得了显著收益。

- 奖励你的优秀员工。正如我以前的商业伙伴贝内特·斯图尔特所说的那样:"一个没有荣誉、赞扬、金质奖章或激励的世界会怎样?"尽管苏联拥有大量自然资源,但其经济还是崩溃了,部分原因是人们没有看到或感觉到他们的集体努力带来的好处:"他们假装付钱给我们,我们假装工作。"企业家的努力被官僚机构扼杀,个人的主动性被作为公共产品收获,因此,创新停止了,生产力冻结了。经营模式设计的现代方法更能使员工利益与组织任务相一致。它还可以确保成果得到奖励,并庆祝成功。从经济角度来讲,最佳的激励措施是"分一杯羹"。环境有利时,人们会齐心协力执行自己的组织任务。然而,公司股票在基层并不是一种有效激励(它在薪酬和绩效间提供了一种糟糕联系,因为它太过于无形,也超出了除少数员工以外所有人的"视线范围"),更好的方法是分担经营单位的经济贡献(即经济利润贡献)。这可以提供三个明确且可行的激励措施:改善盈利能力,提高盈利能力,退出非经济活动。

- 保留维持私有化或开始私有化的选项。CEO 们可能希望维持私有或开始私有化,以便更加关注长期成功。面对掠夺性对冲基金崛起、主流商业媒体全天候报道、股票分析师影响力以及高管层快速更替,企业高管开始越来越多地牺牲公司长期前景,以满足股市短期预期。此外,作为一家上市公司,成本不断上升、信息披露、监管合规以及不友好的公众监督的复杂性,也增加了上市公司的负担。迈克尔·詹森在他的《哈佛商业评论》上发表了题为《上市公司的衰落》的文章,他在文中呼吁一种新模式:采用绩效工资制度,有董事会和领导层决定大量股权,其治理机制应限制经营单位间交叉补贴和自由现金流浪费。机构投资者普遍采用私有化作为投资策略。伯克希尔哈撒韦公司于 2009 年以 440 亿美元将伯灵顿北方公司私有化，并在 2013 年以 280 亿美元将海因茨公司私有化。创始人迈克尔·戴尔（Michael Dell）以 250 亿美元的价格将自己公司私有化。尽管许多交易涉及私人股本合作伙伴，但重返上市市场并不是其中的一部分。

事件驱动重构

在油价如此之低的情况下，出售沙特阿美全球最大石油公司的股份似乎有些不合时宜。但 IPO 并不总是与市场机遇有关，也不是主要的金融交易。有些交易可以作为变革的催化剂（即促进文化变革、经济演变和发展以及组织变革，包括经营模式的变革）。与财务计算相比，这些变革更多与变更管理有关。国家石油公司和其他国有企业在平衡其公共使命的需要与商业和经济成功的要求之间面临巨大挑战。

第六章

国家石油公司的顾虑

许多年前，大多数西方国家就摒弃了国家石油公司（NOC）的模式，但国家石油公司的崛起改变了对世界油气资源掌控的平衡。20世纪70年代，国家石油公司控制了世界上不到10%的能源资源，但现在，他们控制了世界上大部分的储量和生产。由于国家石油公司建立的内部能力使他们越来越可以独立经营，因此，这种转变伴随着资本、专业知识和技术的增加。国家石油公司会继续寻求通过油田服务公司加强其承包和管理业务的能力。

这一转变推动了所有油气公司（包括国家石油公司、国际石油公司和独立石油公司）的角色和战略的重大变革。国家石油公司已经看到他们的力量和影响力在增长。此外，随着全球能源格局变化、需求变化、新能源的发现以及国家和地缘政治的发展，对国家石油公司的需求也在不断变化。作为本国自然资源的管理者，国家石油公司越来越多地拥有并且管理其从上游到下游活动的完整油气价值链，但现在它们在寻求上游和下游资产方面也正在成为国际舞台上的潜在合作伙伴和竞争对手。

尽管国家石油公司的崛起对油气资源的控制权在向有利于它们的方向转移，但它们都面临着越来越多不同的政治和经济因素以及战略和业绩方面的挑战。这对它们的战略优先事项、必要能力和经营模式都有深远影响。

国家石油公司背景

在发达经济体缓慢复苏的背景下,主权国家和国家石油公司面临的挑战包括:全球经济增长困难,重大地缘政治和政策"失误",中国经济增长放缓。

按实际价值计算,亚洲引领全球经济的绝对增长。尽管新兴市场的增长水平很高,但它们对资本和金融市场流动性的依赖存在问题,因为在后金融危机政治时代,油气行业面临监管困境。随着极端货币宽松政策的结束,依赖外部融资的新兴市场变得更加脆弱(这体现在主权债务缺乏二级市场流动性以及新兴市场债券收益率飙升)。宏观经济管理虽然良好,但结构改革太少;国家仍然扮演过于重要的角色。即使在出口更强劲的情况下,新兴市场还是需要更加努力地争夺资金。尽管美国的扩张是由能源繁荣引发的,但它继续受到政府监管、政策和政治的制约。在欧元区,结构改革对提高长期竞争力至关重要。

阿拉伯之春后,中东和非洲的世界市场仍然面临着政治暴力(如战争、恐怖主义和内战)的风险。叙利亚内战和以色列问题造成了全球紧张局势。利比亚和伊拉克必须在安全和石油生产中断的情况下重建基础设施。埃及和伊朗的政治限制了经济增长,但创造就业机会对中东和北非地区的稳定至关重要。在撒哈拉以南地区,贫困正在减少而外国直接投资正在增加;商品出口在扩大国内市场的推动下增长。然而,基础设施差(特别是发电)、政治不稳定和腐败仍然是发展的重大障碍。

国家石油公司竞争格局

尽管国家石油公司的命运历来取决于油价,但随着超深水、北极地区,当然还有页岩气、致密油、煤层气和加拿大油砂等非常规油气资源的出现,情况正在发生变化,而这些资源基本上不在国家石油公司的控制范围之内。非欧佩克国家产量的增长导致供应轴心从中东向西转移到美洲。然而,这些通常代表成本较高的来源,

（正如第一章所讨论的那样）全球油气资源基础发生了根本性变化：

- 随着储采比（RPRs）的下降，现有油田的产量正在下降，特别是对于国际石油公司而言。
- 常规或易开采的石油储量枯竭；易于获取的大型储量较少且这些油田越来越多地由国家石油公司直接拥有和经营。
- 资源日益多样化，包括致密油、页岩气、油砂、北极钻探、超深水；复杂的"有利可图的区块"成本更高。
- 从现有油田开采更多石油的动力比以往任何时候都更强；采收率的提高一直是显著的，虽然难以衡量，但人们认为成熟油田的机会是巨大的。
- 单一而枯竭的储量正日益成为小型独立油气公司的领地。
- 可再生能源和其他替代能源供应仍然是长期的、"成本相对较高"的能源供应投资组合。

随着非常规油气资源的增加，供应方面的竞争强度重塑了竞争格局，与价格管制力量和传统供应的历史枯竭形成对抗（见图6.1）。

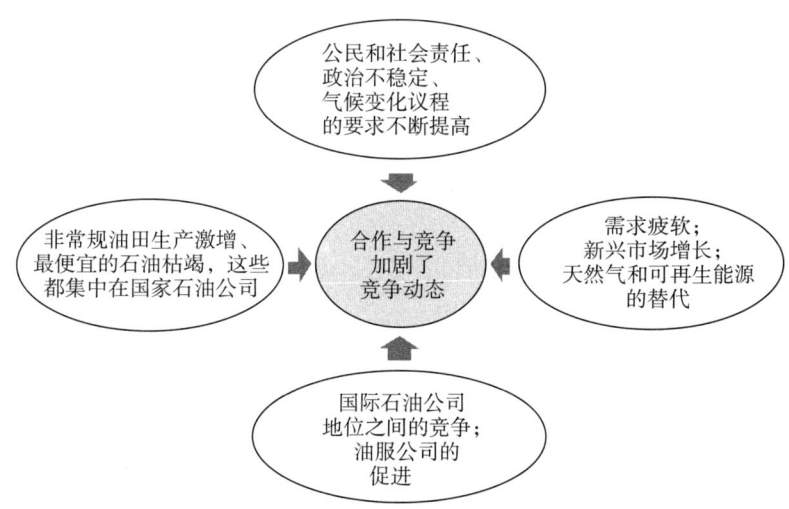

图 6.1　国家石油公司竞争动态

资料来源：埃信华迈。

就外部挑战而言，由于中东和北非地区持续不稳定，公民对国家的要求不断上升、对社会责任的期望日益提高，存在适度的竞争强度。气候变化和碳排放也越来越受到人们的关注。需求方面存在适度挑战（全球经济衰退抵消了新兴市场需求的增长）。此外，对气候、环境以及价格差异的关注，推动了天然气和可再生能源对石油、煤炭甚至核能的替代增长。

在直接竞争方面，国家石油公司的竞争动态由于需要与一些相同的巨头合作和竞争而变得复杂。国家石油公司（NOC）需要国际石油公司（IOC），因为IOC通常处于学习曲线的较上端并在不同的条件下运作，所以它们有助于技术转让。国际石油公司和服务公司之间存在着新兴竞争（由于国际石油公司面临失去相关性的风险，而且服务公司有效促成这种演变，导致竞争可能会加剧）。随着国家石油公司扩大其国际影响力并提高其纵向一体化水平，它们之间的合作与竞争也日益增加。

低成本储量的减少导致国际石油公司在石油市场上的重要性和作用一直在下降。国际石油公司越来越关注更具挑战性和利润较低的领域，如页岩气、致密油和深水作业。在现有油田产量下降、低成本油田减少、限制开采或高成本地区储量增加的背景下，综合性石油公司的利润率也受到了影响。

与国际石油公司相比，许多资源丰富的国家石油公司具有很多优势。他们不仅从丰富的自然资源中受益，而且也获得更大的控制权。自身能力（即资产和专业知识）不断增长、服务公司越来越多，使它们比过去更加自给自足，是因为它们越来越多地尝试了不同的自行经营模式。此外，由于高油价以及进入资本市场使国家石油公司有财力投标并完成重大国际项目和收购，因此，财务资源现在是一大优势。

国家石油公司有一个不受外部影响的基础（即他们能够更好地承受国际政治风险），因为他们的国内业务往往受影响的可能更小。国家石油公司从政治力量中受益，并且能够做出一些国际石油公司不能做出的让步，或是通过政府与政府之间的关系和谈判策略能够更好地缓解海外政治风险（他们可以通过总公司的政治甚至军事影响来保护国际资产）。

国际石油公司往往担心金融分析机构、媒体、公众舆论和监管机构的各种评论，不愿对长期前景或世界不稳定地区进行投资（而且必须遵守国际制裁）；国家石油公司只需要确保与国家目标和政策相一致，而不会被金融分析机构、监管机构或媒体的担忧所左右。

谈及挑战，国家石油公司面临着相似但又截然不同的战略和经营挑战。许多国家石油公司特别容易出现经营效率低下和治理问题。这种现象普遍存在，以至于在文献中被称为"资源诅咒"。低效率包括管理不善、非生产性劳动和员工冗余，而治理问题包括腐败、政治影响、无效决策和对于自身发展方向的迷失。

随着国家石油公司越来越大，越来越多样化（如通过国际投资和纵向一体化），它们越来越需要改进其财务风险管理、投资组合管理、采购、承包和风险分担、预测和现金管理的管理程序。尽管聘用大量外籍员工，但人才管理（即吸引、发展、保留）仍是一个主要问题。

主权和国家石油公司战略

主权国家战略和国家石油公司战略一般可分为四类典型战略，这些战略受到国内资源和经济发展的有效推动（见图6.2）。这些典型战略是进口商、受挑战企业、开发商和出口商。

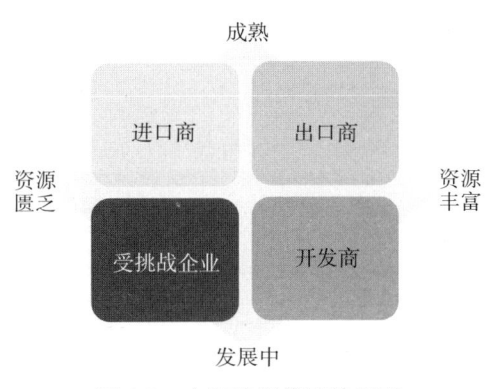

图 6.2　主权能源战略的原型

资料来源：埃信华迈。

进口商

中国、日本和韩国等进口国拥有庞大发达的经济体制，但面临国内能源短缺。以进口为导向的国家石油公司通过供应协议、生产分成协议或国内外上游投资确保供应，以抵消其自然资源的先天不足。供应过剩和价格疲软导致对现货市场和现货定价的依赖程度提高，而不采用传统的长期固定价格供应协议。进口国还投资于替代能源和非常规资源，以开发国内能源生产来源，一些国家一直在投资，以确立其在可再生能源方面的世界领先地位。

中国（即全球最大的石油进口国）已在海外投资以确保供应，以对冲其国内油气资源的不足。近年来，包括中海油（CNOOC）和中石化（Sinopec）在内的中国企业在国际油气资产上投资超过 1000 亿美元。中国投资公司（CIC）的收购项目包括：爱依斯全球电力公司、美国切尼尔液化天然气公司、俄罗斯诺贝尔石油公司、法国燃气苏伊士集团勘探生产公司、宾夕法尼亚银行、艾美伦能源（8.25 亿美元）、蒂塞德天然气加工（2.25 亿美元）、佩尔米安盆地管道（2 亿美元）、鹦鹉澳大利亚煤业（1.5 亿美元），鹰福特油田（1.3 亿美元）和加拿大油砂油田。

中国还通过发布新的页岩气政策来解决国内（非常规）资源的开发问题，该政策强调了两个目标：

- 突出重点，加快页岩气开发步伐。
- 强调第三方基础设施需求，以帮助中国实现上游来源多元化，加快国内发展。

日本也一直忙于海外投资，往往得到日本石油天然气和金属矿物资源机构（JOGMEC）的支持，该公司可能提供参股和/或贷款担保。日本的公司（如东京燃气、丸红株式会社、住友商事、日本双日株式会社和日本出光兴产株式会社）已经投资了页岩气区块（例如巴奈特区块、鹰福特区块和马塞卢斯区块）。此外，日本中部电力公司和日本大阪燃气公司对自由港液化天然气项目进行了股权投资。三菱集团的投资包括澳大利亚布劳斯液化天然气项目（20 亿美元）、蒙特尼天然气油田（15

亿美元）、德国海上风电（5亿美元）以及地热和太阳能。

日本还在国内投资尖端资源技术。例如，JOGMEC投资了甲烷水合物生产技术的商业化，在日本和阿拉斯加都进行了实地试验（见表6.1）。持续流量测试是2013年的一个重要里程碑，但它需要降低成本和操作改进才能投入商业生产。专门的海上作业和更高的资本使得开发速度将比北美页岩气慢。

表6.1 甲烷水合物试点

	伊格尼克·西库米（Ignik Sikumi）（阿拉斯加陆上）	南海海槽（日本海上）
日期	2012年3月（30天）	2013年3月（6天）
储层	疏松砂，800米深	疏松砂，海床以下300米
合作方	日本石油天然气和金属矿物资源机构（JOGMEC）、美国菲利普斯石油公司、美国能源部（US DOE）	日本石油天然气和金属矿物资源机构（JOGMEC）
生产机制	分子置换（注入二氧化碳和氮气的混合物）	储层减压
技术	现成的工具和技术（无需专业设备）	

资料来源：埃信华迈。

现在，学者们很容易对一些进口商所进行的行动提出批评。事后来看，在每桶50美元的水平上，"买进"每桶100美元的石油确实很糟糕，但这并不意味着这是一个糟糕的策略。当对冲基金"缩水"时，购买对冲基金总是看起来很糟糕。但是，当我们的房子没有被烧毁时，我们不会为没有购买家庭保险而哀叹。然而，这可能意味着执行不力；对于那些想要提高缩水对冲的复杂视角理念的人来说，非对称对冲相比对称对冲（有关采购和对冲的更多信息请参阅第八章）是一个更好的选择。因此，在制定一套潜在策略之前，进口商有必要在所有主要利益相关者的参与下，以一种非常有计划的方式，有条不紊地制定他们的目标，以确保所有人的目标及其标准保持一致。然后，这些策略可以根据这些标准进行客观评估，将其中一些细节包括在行动蓝图中。

例如，一般情况下，进口商的目标可能如下：能源和原料供应更安全；低供应成本/具有竞争力的供应成本；降低价格风险/降低不确定性；供应来源更加多样化，主权风险更低；鼓励国内经济发展和长期国内供应。

我们还假设进口商可以考虑以下非常广泛的潜在策略：长期实物供应协议；建立实物存储，并在价格疲软时采购大量现货和期货；通过非经营模式进行上游资产投资，但需签订商品销售合同；在经济可行的航运范围内收购具有吸引力的上游资产的勘探与生产公司；投资于促进可再生能源和其他长期国内自然资源商业化的技术；使用互换、远期、期货管理商品价格风险；购买和持有大型E&P公司的股份。

现在，如果我们看一下这个策略列表，就能够通过注意一些选择与大多数目标相差甚远来很快缩小范围，而另一些则是可行工具，等待有效执行。

开发商

开发商是指拥有丰富国内资源的处于发展中的经济体，但其存在人才和资本短缺。因此，他们经常求助于政府和社会资本合作（PPPs）和长期产品分成协议（PSAs），以有利的财税条款和当地内容要求作为人才和资本来源，以开发国内资源、建设基础设施和鼓励经济发展。

例如，乌克兰与雪佛龙公司签署了一份为期50年、价值100亿美元的页岩气产量共享协议。在伊拉克石油业被数十年的冲突摧毁后，伊拉克中央政府（ICG）试图通过一项国家石油法（《石油法》）为其迫切的重建需求、外国投资和扩张来提供一个法律框架。PSA的合法性最终得到利益相关者的同意，授权国际石油公司直接与ICG签署合同，开发伊拉克石油部门的具体领域，以换取石油利润的一部分（尽管伊拉克当局和库尔德地区政府（KRG）之间进行了旷日持久的讨论，但仍然缺乏新的石油法）。未来，我们可能看到更多的PSA，不仅针对页岩气，而且针对其他难开发资源，如甲烷水合物或煤层气。

除PSAs之外，项目融资和结构化融资的运用也很广泛，通常与战略或金融伙伴合作，开发资源并朝着经济发展方向取得进展。新兴市场基础设施不足，迫切需要扩张，这给现有资源带来压力。资金、能力和人才的短缺使得公共服务基础设施及其整个供应链成为跨越广泛行业垂直领域的重要投资领域。这些市场代表着具有诱人风险特征的重要增长市场，对于那些将所需资本、能力和人才带到谈判桌上的人来说，基本原则可能非常具有吸引力。

技术转让对于开发商的石油和天然气合同来说是一个关键问题，因为他们希望最终控制并经营他们国家能源部门的所有方面。石油部门能力（包括技术和专业知识）是为了确保勘探工作和生产水平充分符合国家利益所必需的。此外，若储量规模不足以对国际石油公司产生经济吸引力，但对当地消费而言，国内技术和专业知识可能是开发和利用这些资源的唯一途径。

根据特许合同，临时进口的机械、设备和熟练的外派人员并未提供太多知识转让。即使有技术转让，发展中的石油国家与国际石油公司之间也存在利益分歧。发展本地技术能力可能不符合跨国公司利益（因为这是一个代价高昂又费时的过程，而技术是一种有价值但又受限的优势）。因此，技术转让可以降低这种货币的价值和重要性。

出口商

以出口为导向的国家石油公司需要通过销售合同和下游整合来确保长期需求。它们需要投资资本和专业知识，以便更好地将其国内资源货币化，并使其经济能够发展并呈现多样化。出口商拥有成熟的经济实体和丰富的资源，并享有战略选择特权，可以选择在哪里开展国际业务以及沿着价值链进行竞争。他们还关注培养人才，采用并开发最佳的世界级经营模式（如管理工具和过程、组织设计、决策权和治理）。除了投资组合策略和经营模式，出口商还倾向于关注经营优势、经营效率以及长期竞争地位。

全球约 10% 的原油被转化为高价值石化产品和聚合物，这些产品的利润率高于炼油和销售。此外，石化产品的生产支撑国家制造战略，增加国家资源价值，创造就业机会，使其经济多样化，并提供进口替代。出口商（甚至一些进口商）已经融入到石化产品的生产中。在过去几十年里，中石油和中石化（中国）、委内瑞拉石油公司（委内瑞拉）、佩塔米纳（印度尼西亚）、巴西石油公司（巴西）、马来西亚石油公司（马来西亚）、泰国国家石油公司（泰国）、卡塔尔石油（卡塔尔）、沙特基础工业公司（沙特阿拉伯）和阿根廷石油公司（阿根廷）等国家石油公司建立了广泛的、有时是全球性的化工业务。其他国家，包括哥伦比亚国家石油公司（哥伦比亚）和玻利维亚国家石油公司（玻利维亚），是最近进入下游市场的竞争者。

商业模式的内涵

资源库不断变化，促使全球经济都产生了连锁反应，为公共市场、私人市场、公司和项目都提供了不少机遇。这也对资源开发的最优所有权、承包和生产战略产生了影响。

许多国家石油公司传统上被视为国家能源资源的保管人，通常掌管整个国家的石油天然气价值链。现在，国家石油公司的角色不断演变，反映供求变化、国家发展以及地缘政治发展。

国家石油公司的商业模式各有不同，比如：成为垄断组织或参与竞争；国际参与度；价值链足迹；资产运营者或金融控股公司；净出口商或净进口商。

国际石油公司和国家石油公司的商业模式正在分化——国际石油公司逐渐从中下游撤出，更加关注地域或资源类型，而许多国家石油公司则变得更加国际化、更加一体化。曾经，油价攀升，石油财富增值，促使一些政府（比如玻利维亚、厄瓜多尔、俄罗斯和委内瑞拉等国家政府）授予了国家石油公司更多的政治经济优势——修改宪法、合同以及税收和矿权使用费之间的结构。国家石油公司由此提升了在国际石油市场的地位和影响力。国际石油公司、国家石油公司与服务公司之间的竞争提供了获取资源的机会，同时促进了他们业务所在国的社会经济发展。现在，国家石油公司正逐渐发展下游业务，并走出国境，投资于全球前沿，有时甚至投资非常规能源。下列资产和能力建设工作反映了他们的战略计划：

- 国家石油公司逐渐把目标投向全球前沿。印度石油天然气有限公司

（ONGC）、印度石油公司（IOC）、中国石化（Sinopec）、中国石油天然气集团公司（CNPC）和马来西亚国家石油公司（Petronas）已在非洲和伊朗进行了扩张，目前正在整个中东寻求投资目标。俄罗斯的卢克石油公司现在是中东和里海盆地的国际参与者。国家石油公司得到了本国政府的支持，将战略目标和地缘政治目标作为投资和联盟的两大要素。

- 国家石油公司正从上游生产商转变为完全一体化的能源化工公司。
- 沙特阿拉伯国家石油公司、巴西国家石油公司、马来西亚国家石油公司以及中国的国家石油公司都具备内部研发能力，按绝对价值计算，中国石油天然气集团有限公司的研发支出遥遥领先。巴西国家石油公司拥有深海钻探专业技术，中国石油天然气集团有限公司以长于提高采收率著称，中国海洋石油集团有限公司（中海油集团）在重油的勘探与生产领域经验丰富。沙特阿拉伯国家石油公司收购了北美油气服务公司，并与贝克休斯公司合建了一个研发中心；国家石油公司愈加频繁地直接与服务公司合作。

面对这些变化，"获胜"的必要能力日益多样化。为了获取组织能力和优势资产，国家石油公司通常需要借助合资经营及其他合作交易。国家石油公司已成为大型石油公司的合资伙伴，并逐步成为它们的竞争对手。许多国家石油公司也在更加积极地进行并购活动，在国际上找上下游目标。有几家国家石油公司把业务发展到了国外，在对国家发展有战略利益的行业，进行战略投资，部分收购或全部收购外国公司。

以进口为导向的国家石油公司——中国和印度最为突出——是外国石油供应商直接投资的首选目标，因为他们的政府在努力为长期的能源供应挑战做准备。但是这些努力受到了阻碍，不仅因为国家石油公司的企业架构不健全，信息不充分，缺乏专业知识，也因为经济民族主义的兴起，关于经济主权、安全和资产所有权的争论不断，以及一些国家认为国家石油公司不应该收购国际资产。

能源部门的合作交易用于获取优势资产、组织能力和技术，以扩大规模或联合风险、资本。国家石油公司在石化领域的投资模式通常包括与拥有石油化工业务的国际石油公司（英国石油公司、埃克森美孚公司、道达尔公司）或纯粹的化学公司（住友化学、美国陶氏化学）建立合资企业或共同投资。

国家石油公司内部能力（包括技术和技能）的不断提升，比如项目管理能力，作为合同商直接雇佣服务公司以及资本增加，使得国家石油公司越来越不受国际石油公司风险的影响（见表6.2）。

表6.2 国家石油公司能力说明

国家石油公司	商业绩效	下游	合伙企业	技术	海外投资	独资企业	人力资源
阿布扎比国家石油公司	◕	◕	◕	◕	◐	◕	●
埃及国家石油公司	◐	◕	◕	◕	○	◐	◐
伊拉克国家石油公司	◐	◕	◕	◐	◐	◐	◐
科威特国家石油公司	◐	◕	◕	○	◐	◐	○
利比亚国家石油公司	◐	○	◐	○	◐	○	◐
伊朗国家石油公司	◐	◕	◕	◐	◐	◐	◐
阿曼国家石油公司	◐	◕	◕	◐	◐	◐	◐
卡塔尔国家石油公司	◕	◕	◕	◐	◐	◕	◕
沙特国家石油公司	●	●	●	●	◐	●	●
阿尔及利亚国家石油公司	◐	◕	◐	◐	◕	◕	◕

资料来源：改编自各公司网站。

进口商

进口商仍将依靠长期供应协议，满足部分总需求。但是，他们需要确定合作的层次，并且需要根据风险回报确定固定价格与浮动价格的最佳组合。结合这项工作，进口商应当分析当地交货的基差风险与所有的参考定价基准，以及供应源的交易对手方风险（例如国家风险或主权风险）。

进口商必须将这些工作与有效的实物资产、投资组合策略相结合，加强长期的供应保障。虽然上游资产中的国际投资可以弥补对冲空头的损失（即"股票对冲"），但实物石油需要一条可行且具有潜在经济效益的进出口路线，来避免巨大的基差风险，并提供真正的供应安全。"股票石油"的国外销售并不代表对冲有效，因为净回值差异大、波动显著，这些交易价格及其相关性与国内交割的原油价格存在较大差异。

为了发展国内能源生产，投资组合还应包括国内投资——可再生能源、非常规油气资源、替代能源和其他长期来源。此外，投资组合应该考虑采取节约能源和提高效率的策略，这是"唾手可得的成果"。与此同时，进口商也应该努力成为世界可再生能源技术研发的领导者。

开发商

开发商需要继续依靠政府和社会资本合作及长期的产量分成协议，引进急需的人才与资本，以此发展国内资源，建设基础设施，刺激经济发展。要想做到这些，开发商需要继续研究最佳合同的设计——需要在财务条款设计和当地成分要求两方面做得更好，尤其是在当今的价格环境中。比如，巴西繁重的当地成分要求已使国内资源受累，并增高了资本支出，以至于美国陶氏化学和日本三井化学放弃了一个聚乙烯的项目（货币强势也是一个因素）。

开发商也必须通过转让、培养技术和管理人才，以及扩建必要的基础设施等一系列策略来建设其国内能力。

对于这些必要的策略进行融资或许会比较困难，因为大型银行一直受到监管机构的严格监管，资本市场对主权风险的接受程度也较低。项目融资市场的规模早已缩小，现在二级市场非投资级主权债务的流动性又普遍较低。为了融资国内的发展，开发商需要创新方法，以合理的比率将国内资源价值货币化。

出口商

丰富的资源、发达的基础设施以及成熟的经济发展，给予了出口商大量的战略选择。他们必须不断对艰难决策进行评估——是否/在哪里扮演国际角色，在哪里参与价值链竞争。

国家石油公司在石油化学工业的投资通常包括与拥有石化业务的国际石油公司

或纯粹的化学公司建立合资企业或共同投资。韩国的能源化工公司不那么热衷于国际投资，但近年来，LG化学公司、SK集团在中国和韩华（Hanwha）集团在美国的投资布局也逐渐多样化。

开发商需要通过更高效的经营，最终实现卓越经营，提高自己在长期竞争中的地位。因此，他们必须把技术队伍和管理队伍的建设管理工作做得更好，除了人才培养，还需要构建世界一流的经营模式。

第七章

合作经营模式

合资经营企业（合资企业）曾是进入国际市场的一种途径，只是必须遵守外商所有权限制。合资企业也提供接触当地合资方专业知识的机会，并且在公司尝试有效进入外国市场失败后，资源损失较小，可以选择自然退出。但目前，合资企业的性质已经有所变化。合资经营模式的迅速发展提供了获取或规模化优势资产（如资源、生产设备等）、组织能力和技术的渠道。商业机会的性质变得复杂和难测，且现在变化速度加快，更加难以"单枪匹马"运作。合资企业也一直深受大型资本项目的青睐。国有企业经常为了达到知识转移和建设能力的目的而合资经营。为获得诱人的石油储量，国际石油公司、国家石油公司会与独立的石油公司合作。石油天然气公司已纷纷将合资经营作为整体战略的一部分，因为合资企业涵盖的区域、资源种类更多，比如非常规能源、油砂、煤层气等等（见图7.1）。

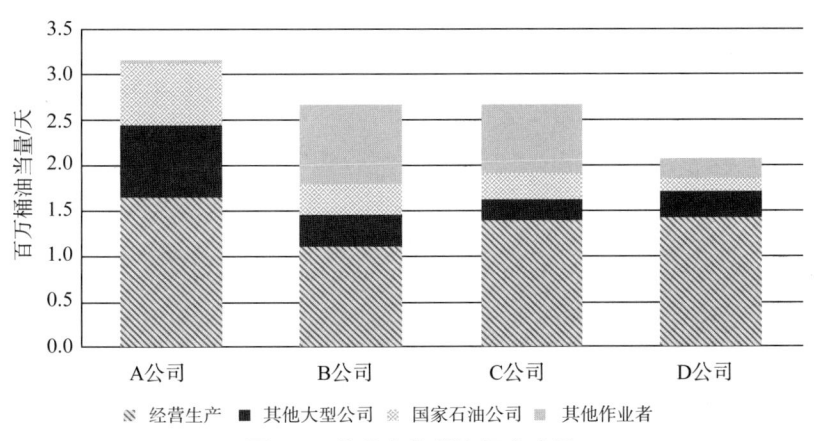

图 7.1 作业者的投资组合产量

资料来源：埃信华迈。

创造一个具有吸引力的机会和发掘一个具有吸引力的机会对合资企业的成功同等重要。资源评估和合作伙伴魅力固然重要，创造价值的机会也同样取决于交易设计、经营模式设计和执行。

谁使用合资企业模式？

合资经营模式在世界各地各行业迅速发展的主要动力是获取优势资产、技术和组织能力。国有企业经常为了寻求知识转移和能力建设的渠道而合资经营。例如，沙特阿拉伯国家石油公司与国际石油公司在国内外建立了许多合资企业。此外，为了拥有诱人的储量以及建设能力，国际石油公司和国家石油公司也愈加频繁地与独立石油公司合作（例如，非常规石油公司）。在大型项目中，通过合资经营组合、分担资本和风险也是一种常见的商业手段。

市场准入或资本准入

当然这种分类过于简单，但可以提供一个以市场准入换取资本准入的例子——俄罗斯秋明英国石油控股公司（TNK-BP）。秋明英国石油控股公司是俄罗斯一家领先的石油公司，原油产量跻身全球十大私营石油公司之列，在俄罗斯和乌克兰展开了纵向一体化经营（上游和下游）。英国石油公司（BP）和俄罗斯财团（AAR）（阿尔法集团（Alfa Group）、阿卡斯工业公司（Access Industries）、列诺瓦集团（Renova Group））各持该公司50%的股份。AAR财团是一家主要受金融寡头控制的私人资本集团。此外，俄罗斯秋明英国石油控股公司的股东还拥有俄罗斯另一家纵向一体化石油公司——斯拉夫石油公司——近50%的股份。虽然俄罗斯秋明英国石油控股公司盈利丰厚，但也没能逃过政治风波。

资本组合

同样,这种分类也过于简单,但也提供一个资本组合的例子——哈萨克斯坦里海大陆架财团(KCS)。KCS 成立于 1993 年,由哈萨克斯坦政府挑选出的 7 家国际石油公司(埃尼集团、英国天然气集团、美孚、壳牌、道达尔、英国石油公司和挪威国家石油公司)组成,负责监管哈萨克斯坦里海地区石油的天然气资源开发。在 1993 年至 1997 年间,该财团进行了一次大型地震勘探,确定了卡沙甘油田。1997 年,该财团与哈萨克斯坦政府签署了产量分成协议。1998 年,哈萨克斯坦政府将所持股份出售给了美国菲利普斯石油公司和日本帝石石油公司(INPEX),就此成立了一家新的联合经营公司,即哈萨克斯坦海上国际经营公司(OKIOC)。2001 年,埃尼集团的子公司阿吉普里海石油公司被指定为唯一作业单位。2002 年,英国石油公司(BP)和挪威国家石油公司(Statoil)出售了各自的股份,除日本帝石公司外,该财团的其余成员公司于 2005 年都将新得的 50% 股份转让给了哈萨克斯坦国家石油天然气公司(KazMunayGas)。2006 年,阿吉普石油公司第一口生产井投产。2009 年,一家联合经营公司北里海运营公司(NCOC)接管了卡沙甘项目的作业工程。埃尼集团因其子公司阿吉普是北里海经营公司代表投资者,继续负责项目第一阶段的先期项目。第二阶段,壳牌石油公司负责海上油田开发,埃尼集团负责搭建陆地平台,埃克森美孚负责钻井工程,三家公司共同管理该项目。

规模经济

润英联控股有限公司(Infineum Holdings BV)是润滑油添加剂生产市场的一家主要生产商,由埃克森美孚公司和荷兰皇家壳牌公司合资经营。该公司因受益于两家控股公司共建的战略议程的指导、自身的不断努力以及规模经济,在润滑添加剂生产行业取得了辉煌的成就。20 世纪 90 年代,多数大型石油公司都生产润滑油添加剂,将其制成特殊添加剂包,作为燃油和润滑油生产的基础材料。但是非优化生产和大买家的强劲议价能力使润滑油添加剂生产几乎无利可赚,这些买家年度采购折扣很大。行业整合——部分因为润英联合资控股有限公司（Infineum Holdings JV）成立，才得以抗衡买家议价权，提升了制造资产的利用率。2011年，润英联控股有限公司（Infineum Holdings BV）的主要竞争对手路博润（Lubrizol）被伯克希尔·哈撒韦（Berkshire Hathaway）收购。

风险组合

为了以风险组合的形式勘探开发北极，俄罗斯石油公司先后与英国石油公司和埃克森美孚（ExxonMobil）合作。然而，美欧对俄罗斯油气资源的制裁削弱了这种合作关系的功能。在与英国石油公司的换股交易中，英国石油公司用5%的股份换取了俄罗斯石油公司10%的股份。英国石油公司原本就持有1%的股份，加上这10%的股份，总股份达11%。该勘探协议的重点是开发南喀拉海（South Kara Sea）以及成立一个北冰洋技术中心，发展创新技术，用于安全开采俄罗斯北极大陆架油气资源。埃克森美孚（ExxonMobil）争取到了北冰洋拉普捷夫海（Laptev Sea）油田的开采权，俄罗斯石油公司在该油田的远景储量高达360亿桶油当量。并且由于俄罗斯石油公司75%为国有股份，与俄罗斯政府关系密切，有望得到俄罗斯的支持。对俄罗斯石油公司而言，合作交易不仅能接触到其他公司的专业技术知识，还有机会在其他地方进行国际合作。在下游领域，成立一家炼油合资公司，有望开发重要的欧洲客户群（比如，2010年，俄罗斯石油公司从委内瑞拉国家油气公司手中收购了德国鲁尔奥尔炼化企业（Ruhr Oel）50%股份。Ruhr Oel是由英国石油公司（BP）与委内瑞拉国家石油公司成立的合资公司）。

获取组织能力和优势资产

为获取组织能力和优势资产（比如，页岩气能力和巴奈特页岩气储量），埃尼集团和快银公司（Quicksilver）联合建立了一家合资公司。2009年5月，资本市场发展受阻，天然气价格暴跌，快银需要资金支持，于是以2.8亿美元现金的价格将27.5%的巴奈特页岩气租赁权益出售给了埃尼集团，但仅转让出总探明储量的5%。

快银认为这场交易有助于开发巴奈特以外地区的非常规能源,尽管这一点并未在交易中明确指出。对埃尼集团而言,这场交易使他从一家发展成熟、单位成本低的公司手中获得了开发页岩气的机会,而且该油气田比多数非常规油气区块更成熟,得到过更全面的分析。埃尼集团本计划在沃斯堡与快银公司进行第二次合作——比如通过出席会议,互相观摩,分享技术等方式,提升土地租赁管理、油田规划、定向钻井、完井、工业标准化管理、资金规划、上游供应链采购和管理等方面的组织能力。但 2016 年,私募投资建立的蓝石自然资源公司(BlueStone Natural Resources)仅以 2.45 亿美元的价格收购了快银破产后的美国资产。

其他合资趋势

虽然许多公司(包括国际石油公司)都谨防技术转移,但能否获取新技术仍然是影响合资企业成立的一个重要决定性因素。另一个核心影响因素是能否从合资公司获得产品的销售权。例如,科威特和卡塔尔两国的石油公司继续依靠与西方国家的石油公司合作营销,及获取品牌效应。如今,国际石油公司的项目管理知识不如以前那么受重视了。在亚洲和中东,石油化工合资企业多于炼油合资企业。但我们期望国家石油公司减少对国际石油公司的依赖,成为更有发言权的合作伙伴。沙特基础工业公司(SABIC)对 100% 控股企业的运行也越来越娴熟。但即便沙特基础工业公司完全收购了通用塑料公司(GE Plastics),踏足新的业务领域时,也需寻找西方合作伙伴。沙特基础工业公司也越来越善于销售产品,并且已经建立或取得了销售渠道。

合资企业的战略意图

早期的合资企业是为了发展而进入国际终端市场。现在,这仍然是合资企业的主要目的(尽管在下降),特别是在面向消费者行业和外商所有权受限市场。目前,全球化的程度已经削弱了该目的的重要性(见图 7.2)。

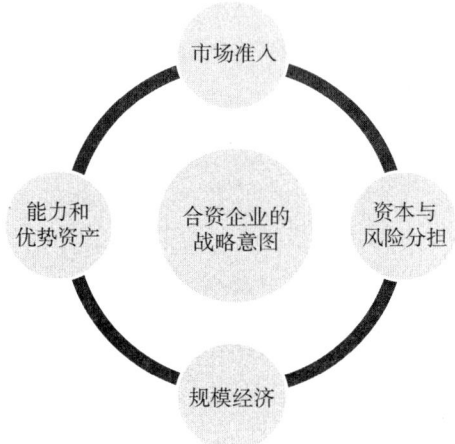

图 7.2　合资企业战略意图

资料来源：埃信华迈。

资本和／或风险的分担或组合是建立合资企业的第二个动机。对于资金不足的私营企业，资源、电力和基础设施等行业的大型项目，以及风险相对较高的技术行业和生物制药行业的小公司而言，这一动机尤其明显。润英联控股有限公司就是一个例子，合资经营可能会为相对规模提供明显优势。合资企业不仅仅是体量增大，其协调性——复杂性、范围和相关属性——也是维持竞争优势的一个重要因素。体量和协调性共同造就的相对规模优势，有助于企业获得有效部署资产和能力的深度和专业知识。这个见解现在看似简单，却是一个关键进展，突破了过去四十年的思维模式——从前只注重公司大小，却不够重视协调性。

企业持续增长和盈利与优势战略资产和组织能力的持续增长相关。提升盈利必备能力的方式有三种：

- 有机地建设这些能力。
- 通过并购购买这些能力。
- 通过联盟和合作实现虚拟规模，引进这些能力。

成功的企业不会在建设、购买和引进之间做选择，他们会在统一的战略议程和协调的路线图的指引下进行这三项活动。合资经营同并购（有机整合）一样，都可以提供获取优势战略资产和组织能力的途径。实际上，在经历资本市场危机后，买卖价差不断扩大。在一些行业，通过合作关系进入国外市场已经越来越普遍。许多石油公司继续将评估合资企业及其他进入美国非常能源领域的途径纳入非常规能源战略。虽然合作伙伴的目标吸引力很重要，但创造价值的机会也同样取决于交易设计、合资企业的经营模式设计及经营。我们认为设计和开发一个具有吸引力的机会的过程和发现一个具有吸引力的机会的过程同等重要。

合资企业的价值和估值

大量研究都表明合资企业创造了价值。结构合理的合资企业能够创造出许多与收购相似的利益，而且更灵活。合资企业的公告中显示了明显的财富增长——在高度集中行业，横向合作收益最高。收益与公司规模、合资公司与母公司的关联度及母公司的合资企业能力影响等因素有关。

一项针对253家合资企业公告的分析显示，在公告期前后，企业会获得正向超额收益。影响股票市场反应的三个因素分别是战略考量、代理成本和信号传递：

- 如果合资企业拥有丰富的互补性资源，股票市场呈正面反应。
- 如果合资企业的自由现金流充足，不会受到股市欢迎，因为极易在代理成本上遭受损失。
- 受益于信号价值，小公司与大公司建立合资企业可获得可观的正向超额收益。

如果两家公司的资源互补，就会创造经营性协同效应，也能共担风险，共享技术，共同出资，建立的合资企业通常会增加价值。这样的合资企业比较类似于"平等婚姻"（与并购不同），双方都能获利。因为可以根据发展状况灵活增减投资，合资企业的期权价值往往高于并购交易：

- 承诺可能随着合资方所学知识增加而增多。
- 承诺可能因为强加条款延期。

- 承诺可能因为出售给合作伙伴而失效。

合资企业的战略价值和不完全承诺的灵活性是产生价值的重要因素。

合资企业的成本与挑战

尽管合资经营已经相当普遍,但在合资企业的管理体验并不佳。一些管理人员甚至拒绝考虑在合资企业任职(见图7.3)。因为合资企业虽然普遍,但其结构产生的经营障碍,不利于创造价值、捕捉价值。从关键问题的数量可知,合资企业相当复杂,更难胜任。合资企业尤其难以管理的原因还在于其涉及多个经营维度,阻碍了价值的创造和捕捉。而且一些情况下,无论合资企业创造了什么价值,企业都会占取最大份额。

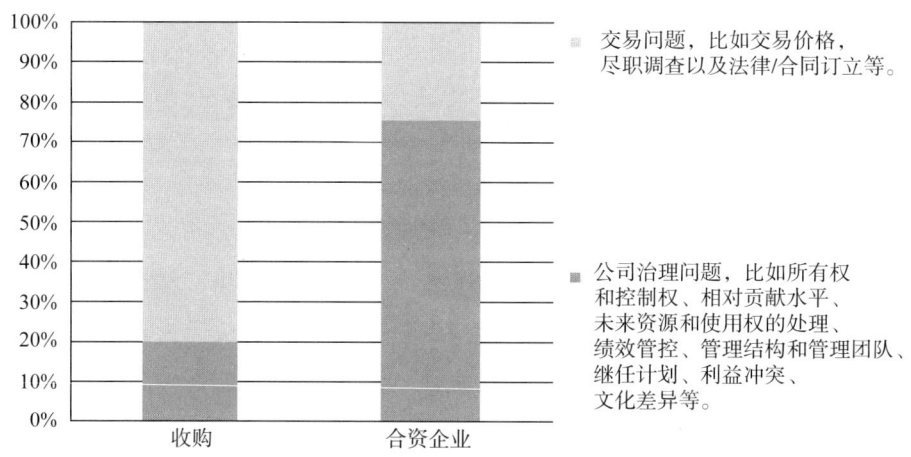

图7.3 比较并购与建立合资企业的工作

资料来源:埃信华迈。

受全球化的影响,合资企业这种形式的企业数量一直在下降。研究跨国公司持部分股权的国外子公司的资料显示,过去20年里,合资企业的总体数量有所下降。公司应对监管和税收挑战时,采取的措施是建立全资子公司而非合资企业,并扩大内部交易及加强技术转移。此外,公司协调各地区一体化生产、转移技术以及从全球范围的税收规划中受益,最常用的方法还是建立全资子公司。内部交易越来越重要,也是合资企业的下降数量多达五分之一到五分之三的原因。

其他挑战源于并购式谈判，而不是合资设计流程。通常情况下，合资企业的管理人员就是并购公司的管理人员，但合资企业会涉及一系列不同的问题，这些问题与经营模式设计的关联更加密切（见图6.3）。这些差异决定了一种更加平衡、竞争较小的、能够为建设性关系定调的管理方式。成功的合资企业致力于建立互信、实现共同远景和互相理解（与之对照的是签订一份对所有可能的意外情况都有明确规定的合同），积极寻找商业解决方案，而非采取法律救济。合资企业的寿命通常有限，因此在设计结构时会明确经营模式及退出程序。确保利益对等绝非易事，因为企业所有者和经营者在战略、目标、要求、财务能力和风险承受力等方面可能存在重大分歧。维护和促进平等与信任也有难度，不仅因为担忧价值被侵占，还因为双方在文化、风险偏好、投资眼光和财务资源等方面均存在差异。

交易结构

所有权结构有许多不同的形式，比如全资新建项目或收购、合资企业、少数权益以及政府和社会资本合作（见表7.1）。但是在发展战略或重大资本项目的蓝图中，交易规划和所有权结构往往是一种实现目的的手段，而不是既定目标。

表7.1 交易结构图

							收购（例如，埃克森美孚－克洛斯提柏）
永久							
长期	年度或跨年度采购协议	上游供应链服务协议；后勤办公外包	钻井促进，少数股权，交叉持股，私募	转入/转出，租赁，战略联盟		合资企业（例如，切萨皮克能源－挪威国家石油公司）	
				联合勘探协议			
交易	交易（例如，采购订单）	多客户端地震采集研究					
	无	共享信息	金融控股	共享控制权/资源		共享控制权/所有权	全资拥有

资料来源：埃信华迈。

建设、引进或购买？

成功的企业会在一个战略议程下进行这三项活动——建设、引进和购买。合资经营与并购或其他有机整合一样,提供获得优势战略资产和组织能力的途径。表7.2对比了战略联盟(引进)、股权式合资(引进)、控制权收购(购买)和新建子公司(建设)等主要投资方式的一些利弊和关键考量。

表7.2 交易设计方案

	战略联盟	股权式合资	控制权收购	新建子公司
结构	各方签订合同	共同拥有独立的法人实体	收购控制权	有机建设全资子公司
市场进入	最快	较快	较快	较慢
	共享资源、优势资产和组织能力	共享资源、优势资产和组织能力	收购优势资产和/或组织能力	建设优势资产和组织能力
初始投资	较低	视情况而定	最高	高或一般
资源	较低	视情况而定	整合期间最高	较高
	可以贡献技术、人力、资本或其他资产	带来丰厚的资本、优势资产或特有的专业知识	经济上持续的需要是合理的	必须聘请专业人士、资源投入;为资产建设出资
经营风险	较高	较高	一般	较低
	更难控制合作方	更难控制合作方	整合问题	与员工打交道
终止风险	较高	较高	无	无
	难以转移共同开发的资产	难以转移共同开发的资产	整合程度越高,越难展开或进行	
		终止程序昂贵/消耗		
知识产权风险	较高	较高	低	低
	与潜在的竞争对手打交道	与潜在的竞争对手打交道	与员工打交道	与员工打交道
净现值	视情况而定	视情况而定	视情况而定	
	通常回报率较低,但投资成本较低	执行风险可能阻碍价值创造	整合风险可能阻碍价值创造	投资少,回报高
		取决于价值分享方案	取决于支付的价格	取决于对速度的重视程度
市场占有率	较低	一般	较高	较高

资料来源:埃信华迈。

一项新兴市场跨国公司的进入战略研究显示，这些公司在启动改革后就迅速进入了新兴市场，但却在很长一段时间内，限制了他们与新兴市场的接触程度以及向东道国公司转移技术的程度。企业越来越倾向于采取并购和联盟的方式补充自主研发，应对竞争压力。公司间的技术差距也决定了这些交易的收益。当然，伙伴公司如何组织合作也很重要。

一项针对463家电信设备行业研发联盟的研究发现，技术实力相当、高低差距不大的公司联盟更有益处。要想在合作伙伴处有所收获，的确需要有一定的差距，但如果差距太大，就难以取长补短。此外，联盟结构也会影响收益，激励和信息分享能力都是影响因素。比如，股权式合资企业就能够提高联盟利益，即便各方技术颇具差异。

非经营性企业或他人经营

尽管非权益模式或非经营性企业（NOVs）在多数行业中并不多见，但在石油天然气生产行业却较为普遍。这种模式往往能够反映国际石油公司在世界各地的优劣势。在应用这种模式较多的地区，公司经营参与度较低，公司经营参与度高的地区应用较少。意识到非经营性企业的生产和储备作用在石油天然气行业上游越来越重要，一些超级石油巨头集团通常会建立一家独立的非经营性企业组织，来协调和分享最佳实践。非经营性企业组织的形式不定，或是一家独立的国际非经营企业组织，或是一个大型的非经营性企业团体。在一些非经营性企业团体中，资产用于生产后，就不归非经营企业团体管理。

政府和社会资本合作

政府和社会资本合作（PPPs）是一种特殊的合资企业形式，涉及公共机构和私营企业，双方共同出资入股。政府和社会资本合作的一个重要作用就是将私营企业的专业知识转移给公共部门。这种合作有助于将资本、资源和专业知识联系在一起。一份研究私营资本在公共部门的投资文献，将公共部门的较高的建设支出与私营部门的较高资本成本做了对比。研究发现，私营部门的基础设施建设成本比公共部门低 15% 到 30%。因为私营部门的能力更强，项目管理更高效，建设时间更短，管理费用更低。然而，在成熟市场，私营部门的资本成本比公共部门高出 100 至 300 个基点。节约的建设成本抵消了较高的融资费用。私营部门在政府和社会资本合作项目中的参与度取决于预期的市场需求、所需技术及货物或服务的纯度。在政府债务负担重、总需求和市场规模庞大、有政府和社会资本合作先例的国家，政府和社会资本合作更为普遍。宏观经济稳定对政府和社会资本合作也很重要，和体制质量一样——腐败越少，法制有效，政府和社会资本项目就越多。

合资企业实践——如何实施

多数合资企业（非经营性企业除外）都是独立的实体，不由任何合资企业所有人经营。在经营过程中，高管承诺、经营委员会成员及董事会最具影响力。高层管理人员从母公司高管中调用。例如，一些大型国际石油公司（如埃克森美孚）会推行自己的工厂设计、经营标准和程序（国有企业经常这样做）。一些合资企业所有人为了保护自己的权益，会专门安排一个技术专家小组到合资企业任职，在合资协议细节方面监管公司的权利，以及从事分析原料和产品等方面的工作，以此支持公司的立场。实际上，影响合资企业结构的最重要时机在于其设计阶段。

资源协议和现金流的使用

本节描述一种典型的合资企业所有权结构，即在同一市场的公司建立合资企业。这种合资经营的目的是合并两家母公司特定区域的业务单元，在该市场实现"虚拟规模"。这两家母公司的两个业务单元（A 和 B）都看重一个相同的地理位置。A 和 B 两个业务单元的总部都在不同的国家，并且都在多个国家针对同一市场设立公司。这种交易属于一种对半持股的合作，两家母公司是唯一股东。双方提供各自相应的实物资产，并且投入资金以获取平等的股份。建立无追索权债务的实体，减少合伙人的必要权益规模。

> ## ABC 公司
>
> ABC 公司有一个全球性的组织，负责非经营性合资企业，也叫做他人经营组织。ABC 采用一套严格的、系统的管理流程来管理他人经营资产。这套管理流程也用于管理公司各个部门，称之为过程纪律。他人经营区域的规模取决于其对公司的重要性（比如，美国陆上——20 人，英国北海——30 人，卡塔尔——数百人）。将不同的经营组织与他人经营组织相结合，有助于形成共同观点。
>
> 一套管理流程有助于明晰 ABC 公司的影响力以及最佳影响方式。公司通过建立一致的区域经营观点（他人经营观点）传达战略议程（因此团队协作是有利的）。然后，独立的经营组织和他人经营团队在各自的职权范围内为各区块/各资产制定详细的计划。他人经营资产团队"共处一室"为非经营性资产定义其关键区域。
>
> 他人经营团队定义了 ABC 认为经营者需要管理的最大影响的行动（例如，经营时间、经营成本、项目开发时机或成本）。关键区域的优先级根据相关标准权衡决定（例如：资产重要性、影响的可行性、对 ABC 商业计划的重要性）。明确的优先级和行为计划确保呈递给最高经营者协调一致的信息。ABC 公司的他人经营管理流程以专业知识和培训为支撑。
>
> 他人经营管理系统的协调员（coordinator）是该管理程序的高级主管，负责培训所有的他人经营组织经理。协调员还负责"审计"他人经营区域，评估他人经营团队的技能和效率。这一程序以技术经济分析为依据，提出对关键资产发展的观点。虽然他人经营定义 ABC 公司不能参与经营，但 ABC 公司会采取措施影响经营者。比如，利用经营协议中的条款放缓合资企业的决策，或利用政府关系影响经营者，或"建立技术上积极进取的和法律上滴水不漏的案例"。

■ 资本贡献

首先需要确定双方对合资企业的贡献，贡献可以是有形和无形资产，双方需就各自的贡献价值达成一致。为了拥有理想的所有权比例（也就是投票权），双方均可用资金或其他资产增补自己的贡献。

相关问题包括：外资所有权限制；实物出资的规则或限制；最低资本要求；资本化要求；贡献的初期估值和持续估值；新股发行、股份回购；资本支出；初期的和持续的出资和融资；所有权、利润分配和投票权三者之间的关系；优先回报；利润和现金的分配以及股息的处理。

■ 股权参与

股权参与比例将决定双方在企业管理和决策中的角色，以及对企业做出的贡献。所有权有三种原型：与合作方对半持股，各自拥有50%的管控权；持多数股权，拥有较多的管理权；持少数股权，拥有较少的管理权。

■ 管理控制

合资企业的管理机构通常包含一个董事会（或类似的组织）和一个管理委员会。董事会代表合资企业做出重大决策，管理委员会负责监管日常事务。尽管管控权通常与股权相匹配，双方也可以建立其他形式的管理结构。只要管理结构大有裨益，管控权不与股权匹配也可行。

■ 持续需求

如果合资企业的经济收益良好并且资本充足，就能获得无追索权出资[比如，周转资金和季节性债务（seasonal debt）]和无追索权融资（比如，永久性债务），以满足持续的经营需求。低成本出资和融资可能带有追索权（比如，母公司担保）或是由合资企业的股东提供。如果母公司想提供额外贡献，最好一开始就做出决定。或许母公司只想为合资企业提供债务屏障。就实际情况而言，贷款担保的确会消耗借债能力，使实力较强的母公司因合资公司导致信用风险。

■ 收益分配

合资双方除了规划合资企业的融资需求外，还要计划利润和现金的再投资与分配。决策时，需要考虑投资期限、风险预测、业务前景、法律、税务和会计等问题。

如何利用合同权利创造实物期权

尽管关于合资企业的研究已经不胜枚举，但直到最近才涉及到分析重大资本项目中股东协议里的条款。含有明显期权的合资合同极有可能会打破这种"五五分"的所有权平衡，因为提供给少数权益的保护期权使各方更愿意考虑少数权益的立场。协议可能授予以下权利：

- 在期权的作用下，以接近"公允价值"的价格向合作伙伴出售或是买进部分或全部股票。不得不变更股份时，认沽期权维持股份收益，避免了事后转让公司股权。看涨期权的作用与看跌期权相同，也是维持股份收益，避免了事后投资。
- 跟随权（或共同出售协议）允许各方要求购买合伙人股份的交易条件与合伙人购买时的条件一致。跟随权规定不得以威胁把股权出售给会降低公司价值的买家，或阻止把股票出售给能增加公司价值的买家来扩大股份收益。
- 强售权允许各方在出售交易中，要求合伙人随同自己一起出售公司股票，不得以威胁阻止增值交易来扩大自己的收益。
- 要求上市权（或登记权）允许各方强迫合伙人同意首次公开募股，不得以威胁否决增值的首次公开募股来索要更高的价值回报。
- 附带权允许各方以持股比例参加首次公开募股，不得在公开首次募股中要求超比例份额来扩大收益。
- 合伙人行使看涨期权后，各方将其所持股份转让给其合伙人，追赶条款维持各方对出售交易或首次公开募股的自己部分收益诉求，看涨期权的股东不得使用期权从出售交易中扩大自己的收益份额。

每项条款都可以看作是一种期权。当原始股权不能调整来弥补主要资本事件造成的变化时（股权转让，出售公司，或通过首次公开募股让公司变成公众公司），这些期权条款维持了投资的积极性。如果没有这些条款，可能需要围绕重大资本事件重新谈判。

退出和终止

合作协议的一个独特的重要特点就是包含解散程序。即使合资协议未被严格遵守,也为各方和平退出提供了有利的谈判条件。如果合资企业有一个固定期限或有一个具体的限定目的,通常在协议设计阶段就会明确终止相关事项。合作期限一般是4年到7年,很少超过15年。解散的原因很多,比如计划的有限寿命,控制权改变,领导层改变或合作伙伴的战略变更,资本约束或流动性需求,机遇变动,价格环境,资本需求,风险预测,竞争环境,监管环境,或未达到预期。转让股权、出售整个公司和解散公司是常见的三种退出机制。解散程序包含诸多要素,主要要素如下:预计期限、退出意向通知机制(例如,合资企业成立前,30天;成立后,6个月)、投标机制(例如,看跌期权/看涨期权、优先拒绝权/后看权、否决权、退出时的估价机制)、退出方的权利(例如,撤回资源、收回资产、拥有共同开发的资产和知识产权)以及未退出方的权利(例如,退出涉及的赔偿费用、继续经营的权利)。

■ 权益转让

主要转让类型分别是转让给第三方、转让给一个合资方或合资平台,以及撤资或退出。相关问题包括:强制性地方法律、争议、失职、实质违约、破产或控制权变更、融资、负债以及其他资本结构事项。

■ 出售或解散

如果合资一方无法购买另一方的权益,另一种最常见的终止合作的方法是将整个合资企业作为继续经营企业出售。

■ 其他条款

有许多潜在的终止条款。例如,各方可以制定指南保护自己的知识产权以及合资经营共同创造的知识产权,如专利、商标、品牌和相关的特许权等。各方也可规划出合作终止后互不竞争的时间。此外,如果一方退出后,合资企业继续经营,未退出方可能希望退出方提供过渡期服务,最大限度地减少业务中断。即使在合资企业设计阶段难以预料到具体的过渡服务，但可确保退出方同意在退出后提供双方认可的过渡服务。合资协议一般含有一项争端解决机制，争端最好是由高级管理人员解决，因为多数争端与商业相关，而非与法律有关。仲裁裁决可能比外国法院的判决更容易执行。因此当领导层不能解决争端时，各方可能希望申请仲裁。

合作平台的最佳实践

在合资企业设计初期，最佳实践案例不仅为所有权结构，也为经营模式提供参考。其他成功管理联盟的重要规则如下：

- 在与合作伙伴举行任何合资公司治理会议之前，内部股东进行正式会议达成内部一致。
- 建立正式的治理结构；发起倡议，推动合作行为（例如，有效地诊断问题；制定互动参与原则等）。
- 根据相应的能力规划角色以及组织架构。
- 根据资本配置、供应链、规划和绩效管理、人才管理、财务设置重要的管理流程；根据信息共享、创新、决策速度、上报给合资企业监督委员会问题的数量制定软性关键绩效指标；根据增长和盈利制定硬性关键绩效指标；制定差异管理协议。
- 分配重要管理流程及子流程的决策权；就批准步骤和正式的决策评估委员会达成一致然后将决策划分为交感决策、递阶决策和民主决策等类型。

最佳实践公司会根据设计的成立规则精心策划协议，而不是协商每一个可能的结果。合资企业的设计者不要试图能完全明晰终止条款中的所有不确定性，"过程导向"方法通常比"结果导向"方法更有利于合作。此外，在合资企业完全失去价值前，认识到合资企业是否已经完成了使命也很重要。

尽管不参与经营，许多公司仍试图利用技术工作（例如，解释和处理地震数据）影响经营者。凭借掌握的数据和专有的技术分析，推行自己的观点。临时安排员工，尤其是高层员工，进入经营公司的做法越来越普遍，这些行为可能会引发问题升级或招致内部审计。目前，已有公司增加了重要或"困难"的非经营性企业资产的人员配置，并且采取措施帮助设置非经营性企业稀缺资源的优先级：

- *情境*。这是否给了我们一个重要的宣传机会？这是一个重要的生命周期阶段吗？可以在经营者身上学到什么？这是一种重要的影响关系吗？
- *影响力*。影响的可行性。哪些方面增值最多（特定的技能或关系）？
- *指标*。非经营性企业经营者的商业计划（而不是资产商业计划）的重要性的以及内部标杆分析。
- *外部标杆分析*。通过对经营绩效、安全绩效和财务能力进行标杆分析判断经营者能力。最末的四分之一的资产需要接受额外审查。

有效决策是合资企业最常谈及的问题之一，也是最重要的设计成果之一。审批过程实际上会削弱策略效率和效力。审批过程涉及个人或实体（经营公司）向决策者（所有人委员会）提供建议。一旦建议被采纳，决策者只能被迫做接受或拒绝决定。强大的领导层会和强力支持相混淆。对于支持者而言，这件事关成败，被拒至少是件很丢脸的事。因此支持者强调支持证据，弱化反向观点。当有人反对支持者时，审批过程就会延长，变得低效。

有效决策就是在若干备选方案中做出选择。多个所有人共同决策需要所有人参与对话，达成行为一致。对话遵循四项指导原则：

- 决策决定战略——即决定不做什么，也决定做什么。该做什么决策？不该做什么决策？哪些决策可以推迟？
- 关键决策包含三大要素——选择、标准和信念（即，不同观点的根本区别是什么？）。
- 决策以事实为依据。不同的假设要调整来适应结果的比较；透明度建立信任和信誉。
- 结构化管理关键股东有助于减少反对，有助于得出结论。

经营模式的复杂性

合资企业面临各种经营挑战,最佳实践需要更加重视经营模式设计,而不仅仅是所有权结构。稳健的合资经营模式及其相关的卓越经营,不仅有助于实现合资企业的战略意图,也能提供可持续竞争优势。要解决合资企业经营模式涉及的所有问题,比如公司治理(如信息和监督)、组织设计、管理流程、决策权和企业文化等,经营模式就必须超越所有权结构:

- *公司治理*。什么信息要与所有者分享?频次是多少?监管的范围和基调是什么?新实体的权限层次是什么?
- *所有权结构*。新实体的所有权结构是什么?解散机制或资本变更机制是什么?如何制定财务政策(例如,融资、股息和回购)?

第八章

财务指标

不仅能源行业经历了巨大的演变——以我们对全球潜在资源库的理解，所有权和主要股东的性质，资源开发的技术和方法，能源经济和商业模式——金融行业也变化巨大。曾经，大型银行和资本市场在美国石油天然气行业扮演着举足轻重的角色。假如按一个国家的国内生产总值计算的话，这些银行和资本市场可以排在第十六位，位于沙特阿拉伯之前。但是在后金融危机政治时代，受监管的银行和资本市场的地位严重受损，在石油和天然气行业衰退得尤其明显。

随后，法律和监管改革接踵而至。《巴塞尔协议Ⅲ》对资本充足率和流动性提出要求；启动了复杂而影响深远的多德－弗兰克金融改革；沃尔克法则产生了意外结果；货币监理署对油气勘探与生产贷款提出了新要求；增加了《信托契约法》第316条中对债券持有人保护范围的解释。这些改革以及其他更多变革产生的净影响，使得银行逐步撤退，尤其是从储备贷款、项目融资、商品交易和造市、商品套期保值和相关结构性融资等业务领域撤退。国债市场也因主权债务在一级市场和二级市场的流动性下降受到了影响。

现在，非银行金融机构的影子银行、私人交易公司、对冲基金和资产管理公司等中间机构以及私人资本、养老金和基础设施基金等主要投资人已经开始进军石油天然气行业。这些公司没有接受严格的监管，透明度较低，运行不同商业模式，提倡不同的价值主张。因此，不仅上游公司及其需求发生了变化，可用于筹资、融资和对冲的机构和服务体系也发生了变化。

石油天然气行业面临着许多竞争性需求和经济逆风——经济状况棘手，政府支出和赤字措施也无能为力。不仅资本资源贫乏，其他方面的状况也不容乐观，如人才资源。资金短缺、能力不足以及人才匮乏，使整个能源基础设施供应链变成了一个有趣的机遇场，各个市场发展空间巨大，风险预测诱人。参与形式可以是贷款人、供应商、投资人或商业伙伴，只要能够提供必要的资本、能力或人才。

财务战略与政策

能源基础设施项目的财务战略有多个自由度。财务战略及其蓝图（财务策略）与业务需求及股东需求相互依存，并需要与企业的使命、能力、战略、优先级和约束保持一致。图8.1所示的框架提供了一个五步法来处理这些重要的自由度。

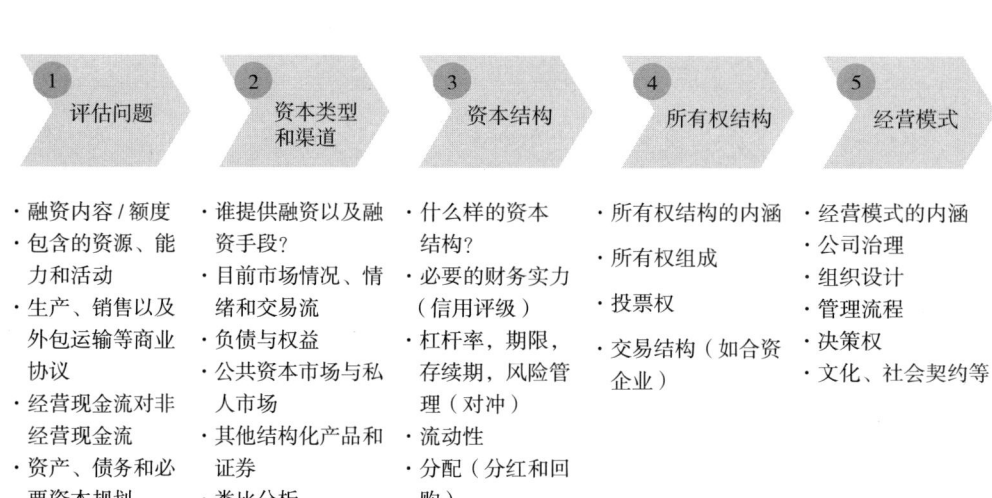

图 8.1　融资战略框架

资料来源：埃信华迈。

评估"问题"

第一步是开发一个现金流模型,支持具体业务并评估"问题"(即财务需求)。用净现值法(贴现现金流)做经济评估,并在一系列条件下进行测试,这些条件就是每项关键流入和假设的相关范围。为了评估融资需求的总体规模和概况,现金流量模型还应区分经营筹资和资本融资。

*筹资*用于支付经营成本,也需要经营活动提供资金。从会计的角度来看,筹资是损益表的项目,不是资产负债表的项目。经营活动现金流、流动资产、补贴和短期借款是最常见的基础设施项目筹资来源。

*融资*用于支付工厂、不动产和设备等资本资产,可能涉及从私人或公共资本市场筹集资金。从会计角度看,融资是资产负债表的项目,可归类为债务融资或权益融资。

资本类型和渠道

多年来,私人资本市场一直是能源行业和基础设施建设获取资本的一条渠道——借助各种组织,通过不同的市场和平台(见图8.2)。

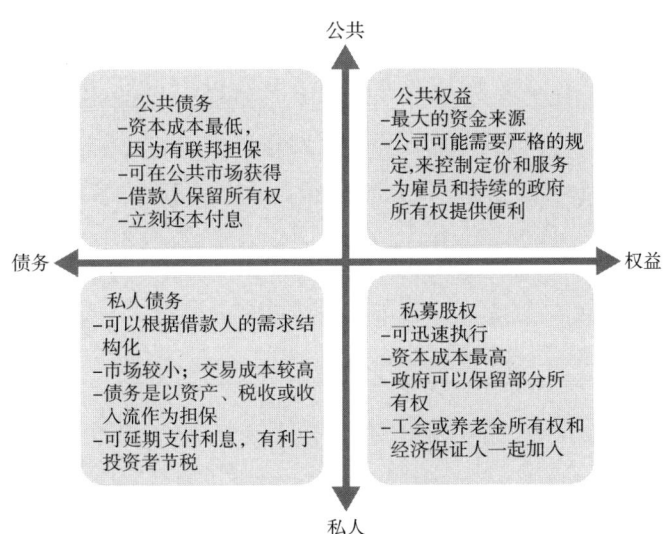

图8.2 能源基础设施建设中的私人资本

资料来源:埃信华迈。

■ 经营出资

经营成本通常来源于经营活动现金流、费用、补贴，也可能包括短期债务（如季节性负债）。融资通常是一个永久性的资产负债表项目，用于支付工厂、不动产和设备等费用。从私人或公共资本市场筹集资金，可以是债务融资也可以是权益融资。尽管需要保持控制权或影响力，但项目的某些举措（例如，销售或外包）能为项目的进一步发展带来有效的资金或融资。采用传统融资方式之前，可以通过资产出售、资产剥离和签订外包协议来筹集资金，降低资本需求。

■ 债务融资

债务融资、权益融资或介于两者之间的混合融资这三种首要的融资方式中，债务融资是首要融资选择之一。这种选择是由具体情况的需求和资本方案的特征所促成的（见图8.2）。例如，债务工具可能包括信贷、循环贷款、租赁或其他资产保证性工具如证券、定期贷款和票据（债券）等，各有各的成本和收益。每个工具在定价、操作性和条款等方面都有自己的特色，这些特点往往针对发行人，会随市场情况变化而变化，并且需要与发行人的目标和约束进行权衡。

例如，2014年8月，美国鹰能源公司（美国证券交易所：AMZG）——巴肯"致密油"开发商——发行了1.75亿美元的五年期高息债券（又称垃圾债券），票息率为11%（收益率为11.25%）。随后，在9月份又获得了6000万美元循环信贷额度。这是为了融资开发在蒙大拿州东部和萨斯喀彻温省东南部（距离萨斯喀彻温省离巴肯的"甜点"地区相对较远）的12000净英亩（约48.56平方千米）油田。但油价下跌时，第一个成为了违约的高收益债券。

另一个决策点是融资渠道——公共市场还是私人市场——通常由操作性、成本、条款和契约要求决定。此决定还可能受到流动性、监管要求、透明度、治理和控制权等考量因素的影响。通过监管或限制性条款（私人资本的特点）交予投资者控制权，必须与公开披露的责任相权衡，比如披露从评级机构（穆迪、标准普尔、惠誉等）获得公开信用评价。

■ 权益融资

权益融资不是优先选项，融资工具包含普通股、优先股、期权、长期认股权证、股权，也是各有各的成本和收益。虽然债务融资的优点已经在学术文献中得到了很好的证明，但几乎都在讨论债务税盾。实际上，采用债务融资的主要原因是不愿意稀释股权和控制权。举债金额往往取决于最主要业务的需求，并且发债公司也要参考目标的信用评级和负债能力。权益融资可以横跨公开市场和私募市场的选择范围。

例如，2010年5月，加拿大畔西能源信托公司（Penn West Energy Trust）通过向中国投资有限责任公司（China Investment Corporation）出售股权，筹集了4亿多美元的资金。此次私募配售约占公司已发行及发行在外股份的5%，目的是融资开发两家公司在加拿大西部近500万英亩（约2.02万平方千米）的油田。

■ 混合融资

介于普通债务融资和权益融资之间还有许多其他因时制宜的选择。这些选择通常用于避免稀释股权和/或改善本已扩张的资产负债表。例如，20世纪90年代初，盈余票据应运而生，尽管没有公开交易，但仍作为一种信用友好的"股本"筹集方式；但是，投资者对结构性解决方案和混合融资的需求往往会因市场状况而颇具差异。总的来看，这些证券更适合规模大、质量高、名气大的公司，有新近发行（定期）租赁人，选择在市场比较稳定和开放程度很大的时候发行。

多年来，石油天然气等资源行业一直把销售远期石油产量作为一种融资方式。通过体积产量支付（VPP）交易，出售一定量的石油或天然气，换取预付现金。这种授信对国内资源区块的开发和生产相当重要。例如，美国主要的页岩气生产商切萨皮克（Chesapeake）通过体积产量支付交易筹集了数十亿美元的资金。

在体积产量支付交易中，卖方（例如天然气生产商）在规定的时间内（5～15年）交付一定的产量。卖家可将预付现金投资于钻井工程、收购或其他商业活动，使股东获益。卖方负责运输商定方量的天然气，并承担生产天然气的运作成本。

买方（通常是大型银行）以固定价格购买天然气，并且是一次性预付。未来天然气产量的实物交割是银行的回款来源。

体积产量支付交易也能涉及一种价格对冲。虽然生产商可能想借此交易锁定天然气价格以及钻井工程的费用，但多数场内远期合同的交易量都必须在短期内交割。芝加哥商品交易所（CME/NYMEX）（与洲际交易所齐名的最大商品交易所）的数据显示，亨利港（Henry Hub）约80%的天然气期货交易期限都不超过两年。长期的场内对冲交易缺乏流动性时，私人交易通常需要修改一些条款，比如非标准的定价参考。许多体积产量支付交易的期限超过5年，有些甚至长达10年以上。在亚洲，大型的体积产量支付交易有效地充当了长期供应合同，据报告，有的交易合同期限长达25年。

混合结构

在普通债务和权益之间有许多其他的融资工具，这些工具可以根据情况和特殊目的进行调整，并且随着市场环境、税收及监管措施的变化，条款也会相应变化（见表8.1）。然而，结构化这些工具的目的，通常是为了满足"股权容量"和/或节税目的，可能包括下列条件：

- 期限长，比如，久期或永久期，不可赎回或五年内不可赎回。
- 需要新发行的重置资本契约具有相等或更大价值的权益信用。
- 可以延迟/暂停股息服务的触发条款。
- 标普把混合融资限制在有形账目资本的15%；穆迪把股份信用限制在总股本的25%。

表8.1　混合证券的结构及特色

通胀挂钩票据	如果当前投资者对未来通胀的预期高于实际，并且该业务采用了自然对冲，通胀挂钩票据就会降低资金成本。
100年期债券	如果将100年期债券视为杠杆率权益，而不是利息服务率债务，可以增强信用。
次级票据	同样，长期次级票据（30~40年）有C级或D级别的投资组合条款（60%~80%权益），包括重置条款和延迟利息支付条款。实践中，有五年的看涨/看跌期限。
信托优先债	信托优先债是通过向信托公司发行次级债而设立的，同时信托公司发行信托优先证券。信托优先债的期限一般为30年以上，可赎回，并允许利息递延，最长不超过5年。

续表

盈余票据	盈余票据通常是由保险公司（比如，互惠基金）发行的次级票据，接受国家监管机构的有效信用评级，通过盈余票据筹集的资本为"盈余"。
永久优先债券	有置换条款和延迟触发条款的永久优先债（仅高于普通债）可能会有D级投资组合条款。

资料来源：埃信华迈。

为了保障监管资本，监管机构规定股份信用的上限为法定盈余的20%，视盈利能力、现金流、流动性、杠杆率和总资本等因素而定。混合融资也受限于评级机构。但信用评级机构比监管机构更具全局观，将评估该组织履行财务义务的能力、资本成本与当前和历史其他资本成本的比较、绩效、资金的预期用途和账簿。

■ 资本结构

最优资本结构（财务杠杆、现金和流动性以及股东分配）不仅在于找到正确的设置，也在于把要素和所有者的计划结合在一起。能源基础设施建设项目的资本结构通常受所有权的控制和稀释的制约，这使得几乎所有形式的债务融资都排在资本来源顺序的前列（见表8.2）。项目现金流决定了一个给定信用评级的债务承受度，合理地反映了必要的财务实力。权益通常满足其余需求。

表8.2　石油和天然气生产商融资选择的说明

	贷款			债券		
	出口信贷机构	项目	企业	项目	企业	主权
最大金额	20亿美元	20亿美元	20亿美元	30亿美元	50亿美元	70亿美元
期限	5—10年	5—10年	1—5年	10—20年	3—20年	3—30年
建设期筹资来源	有	有	有	可能有	没有	有
信用评级	不需要	不需要	不需要	需要	需要	需要
其他	通常最便宜	契约严格	耗尽银行额度	需要好的赞助商	评级很重要	评级很重要

资料来源：埃信华迈。

举债可能是最简单的融资方式，不会稀释权益持有者的所有权。债务偿付也是一种操作现金流的节税手段（对于应课税实体），用成本较低的债务融资替代成本较高的权益融资，降低了加权平均资本成本（WACC）。财务杠杆也可以凭借加强的财税体制降低代理成本。然而，自多数高管从商学院毕业以来，债务在企业资本结构中的最优比例一直在逐步下降。

杠杆率较高的公司一般信用评级较低。最优资本结构使得财务足够灵活，在使战略价值最大化的同时，还能提供有效的资本成本。许多基于公司储备的贷款和信用评级的要求，特别是投资级债权（BBB-）和 A1/P1 商业票据（长期 A 评级）进入市场的要求，在金融危机的影响下被收紧。因此，对于信用等级较低的公司而言，市场更小且更加难以进入市场了。债务/息税折旧及摊销前利润（Debt/EBITDA）是多数工业部门中较为普遍的一种杠杆比率，但其局限性包括没有考虑到前景或未动用储量、行业周期性和大宗商品价格波动的影响以及异常的税收或折旧。基于产量的指标也忽视了营运资本的增长、收益质量以及流动性的增长带来的影响。在最近的金融危机中，流动性成为一个非常重要的问题。除了确定债务在资本结构中的总体比例外，我们还必须解决最优现金和流动性问题，以及优化债务组合结构（即负债管理）。

■ 所有权结构

一般情况下，申请商业银行贷款或发行债券，既不会改变权益，也不会影响所有权结构。然而，有些交易可能会对所有权结构和经营模式产生影响。在基础设施项目的财务蓝图中，所有权结构更像一种制约，而不是优化功能。如果用权益资本评估项目规模和负债能力，就必须确定债务和权益各自的最佳组合。就权益而言，所有权结构有很多变体，包括部分公开发行股票、少数权益和被动私募、合资企业以及政府和社会资本合作等。

合资企业可作为获取经营筹资、权益融资或组织能力的渠道。随着能源项目的规模、复杂程度和风险的增加，单枪匹马变得越来越困难。为获得市场准入、建设能力、分担资本和风险，合资经营的数量已开始激增。国家石油公司展现了能源行业的另一面，推动了知识转移和能力建设合作的普及。

政府和社会资本合作（PPPs）是一种独特的合资结构，在油气上游领域的重要性日益增加。这种合作将一家公共机构（如国家石油公司）与私营企业结合在一起，双方共同入股。政府和社会资本合作的一个重要作用是将私营企业的专业知识转移到公共机构。为了具有吸引力和可行性，这种合资企业的持股结构必须确保公私双方的利益，即公共部门提供充足的资本，私营部门贡献出丰富的专业知识。

正如上一章所讨论的，公共部门的运作效率往往较低，私营部门必须付出更高的资本成本。尽管私营部门可以通过更高效的项目管理，更短的建设时间，以及更低的管理费用节约资金，但资本成本却可能比公共部门高出数百个基点。

一个最优资本结构以公、私双方作为股东建立，不同的知识转移方案决定了最优持股结构。例如，私营部门较高的融资成本可能会被节约的经费抵消。

- 经营模式

最后一步是设计经营模式，确保监督和管理足够充分。

对冲与交易

大宗商品交易和汇率已经变得越来越不稳定；增长和盈利压力不断上升，这使得拥有大量大宗商品风险敞口的公司——包括那些自然多头和自然空头的公司——开始探索大宗商品套期保值和交易，以及进出物资流动的风险转移机制。

许多公司围绕着减少现金流波动和优化价值（而不是简单地将采购或制造的单位成本降到最低）的目标进行对冲套期保值（有时是采购）。尽管如此，许多公司表示有兴趣采用更系统的方法进行风险管理，并制定采购和对冲相结合的政策，以便：

- 保护现金流——锁定自然多头头寸的利润，保护自然空头头寸的保证金，防范重大风险。
- 确保流动性为经营和资本投资筹集资金。

- 维护在新兴市场的竞争地位,以确保地位更稳固。

> ## 风险管理"失败"
>
> 风险管理在文献中已经得到了充分的研究,包括对过去十年风险管理中许多备受瞩目的失败案例的分析。在实践中,风险管理"失误"的背后有四个反复出现的主题。
>
> - 许多对冲失败并不是对冲本身导致的——虽然他们的确已经尽职,但是混淆了目标。财务报告强制实施不能实现目标,将经营收益/(损失)与对冲损失/(收益)分开,导致混淆和猜忌。
> - 许多失败源于:未能使用恰当的风险指标(或合适的指标基准——尽管充分讨论了风险偏好,但缺乏对风险承受度的探讨);误算已知风险;忽略/忽视已知风险,以及忽略/忽视未知风险。
> - 失败往往突出了内部控制框架缺失或执行不力的问题——可能没有系统的机制来监控、沟通、审查和批准关键利益相关者设定的风险等级;相关问题包括例外管理,事后而非事前分析,以及没有明确的"高层基调"。
> - 信息不充分和决策权不明确导致失败;高级管理人员对总风险没有全面的认识,共同决策分散了组织内部的责任,风险管理活动的责任分工不明确。

采购、销售、交易和对冲的联合

最佳实践的采购、对冲和交易以及融资,这四项活动所需的组织能力越来越相似,但对于许多能源化工企业,职能分割却成了阻碍。最佳实践不仅需要组织能力,也需要采购、财务、销售和经营各部门之间的协调合作。

例如,可以通过多种形式的合同价格协议向供应商转移或分担这种风险。这就需要采购或制造部门的协助。此外,也可以通过实物对冲或金融对冲来管理这种风险——这就需要采购部门和财务部门的协助。当然,也可以通过产品定价来转移或与顾客分担这种风险。但是,如果交易量因"对冲"价格遭受损失,交割量受到的任何影响都将成为实际风险。这种协调的灵活度涉及销售和营销部门。最后,公司可以选择自保,选择不做任何风险管理,但要对其资本水平进行适当调整。这最终涉及公司财务部门,财务部门必须确保有足够的资本来应对预期的风险水平。

最佳实践越来越需要利用各种能力,并确保采购部、生产部、营销销售部、(交易)财务部和总部之间的协调合作。典型战略采购的发展已经超越了供应商管理,融合了战略风险管理因素,比如经营、合同设计、实物对冲和金融对冲等。

战略风险管理

要克服典型的陷阱,就需要更严格和全面地看待各种问题和职能部门协调的灵活度,并利用各种能力,在整个组织内无缝协调执行。图8.3说明了战略风险管理中决策点的处理顺序,从"将面临哪些风险"开始,一直到如何最好地管理每项敞口结束。

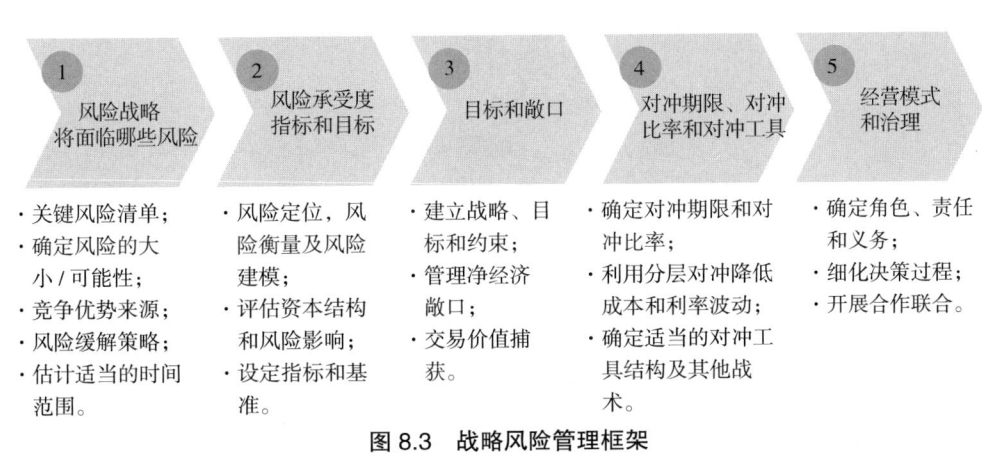

图8.3 战略风险管理框架

资料来源:埃信华迈。

风险战略（将面临哪些风险）

根据业务的不同，净经济风险敞口通常是销售和支出两方面的组合。更适合集中采购的标的是那些类别差异较小、规模效益较大的商品；近年来，战略采购已推动了集中化、标准化、需求管理和折扣的浪潮。战略采购更加注重于了解供应市场和服务成本，这是公平回报采购的一部分工作。但是，仍然有很多机会了解净经济敞口，以及有效地运用风险缓解机制设置优先级、工具和指导方针来优化风险收益权衡。

第一步是根据战略、能力和相对优势，围绕将面临的风险和不会面临的风险做出行动计划选择（比如，转移、对冲、分担、吸收）（见图8.4）。竞争环境和经济环境会影响在什么都不做、实物或金融对冲，甚至交易之间的选择。

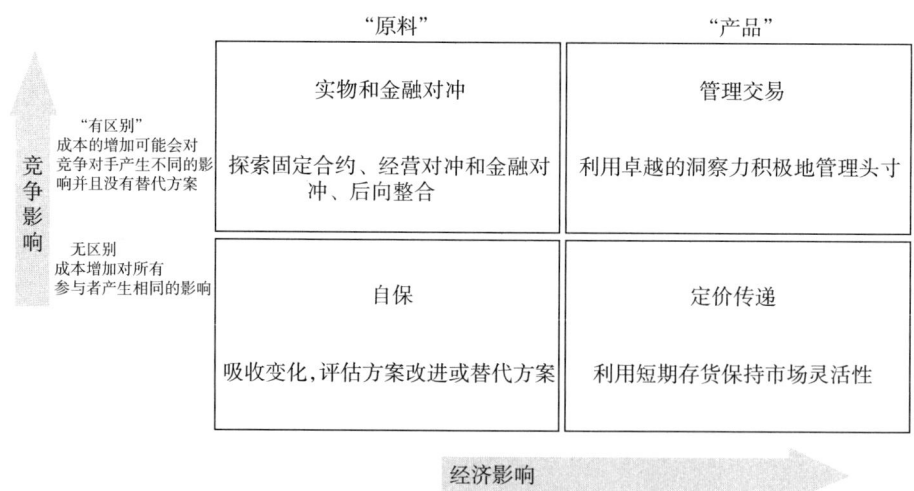

图 8.4　企业将面临的风险

资料来源：埃信华迈。

例如，许多拥有大型机队的公司（如航空公司）燃油消耗量巨大，因此就会成为自然空头（这里指的是航空燃油）。然而，这种空头成为了一种选择。在没有航空公司进行对冲套期保值的情况下，影响不大，什么都不做，有效地"自保"（左下象限），并进行相应的资本化（用剩余的现金和股权来缓冲风险）是有意义的。当影越来越大，自保成本变得过高时，航空公司会利用产品定价将定价风险转嫁给客户（右下象限）。

然而，一些航空公司将燃油实物对冲和金融对冲作为获取竞争优势的渠道，以支持在特定市场的定价优势，使左上象限的竞争和经济形式更具说服力。最终，我们不会看到航空公司的燃油交易有连续性（右上象限）。因为燃油是原料，不是产品，而且他们的市场洞察力没有竞争优势。

风险承受度（指标与目标）

第二步是根据风险承受度（也需考虑风险偏好）建立指导方针，并设定具体的对冲指标和基准。这包括确定目标、优先级和约束条件（例如，通过减少现金流波动增强流动性和债务能力）。财务实力可以表现出风险承受度，风险承受度又可以反映信用评级。

企业在设定必要的财务目标和相应的信用评级目标时，通常会考虑外部威胁、竞争动态、供应商议价能力、定价压力和资本需求等诸多因素。

一旦设立了目标——例如，一个中等投资级别的信用评级 BBB/ Baa2——公司就不愿意评级下滑。因此，一个有用的风险承受度是一个"信用评级"的一半。我们可以用这条经验法则解释美元冲击，方法是用传统信用指标做三角计算（Triangulating）（例如，一半的息税折旧摊销前利润）。还可以从权益角度检测风险承受度，方法是将一个负债能力等级的一半转化为每股收益（有风险的每股收益）。

目标、敞口和策略

设计过程中的第三步是确定出全部已有经济敞口和要管理的敞口的清单，并归纳其特点——来源、规模和原因（见图8.5）。这包括定义、衡量和分析所有的敞口（例如，大宗商品、外汇、利率），并特别注意加总、净额结算、自然抵消和相关性。这涉及到确定每个敞口需要和能够控制的程度，以及评估可用策略的范围。

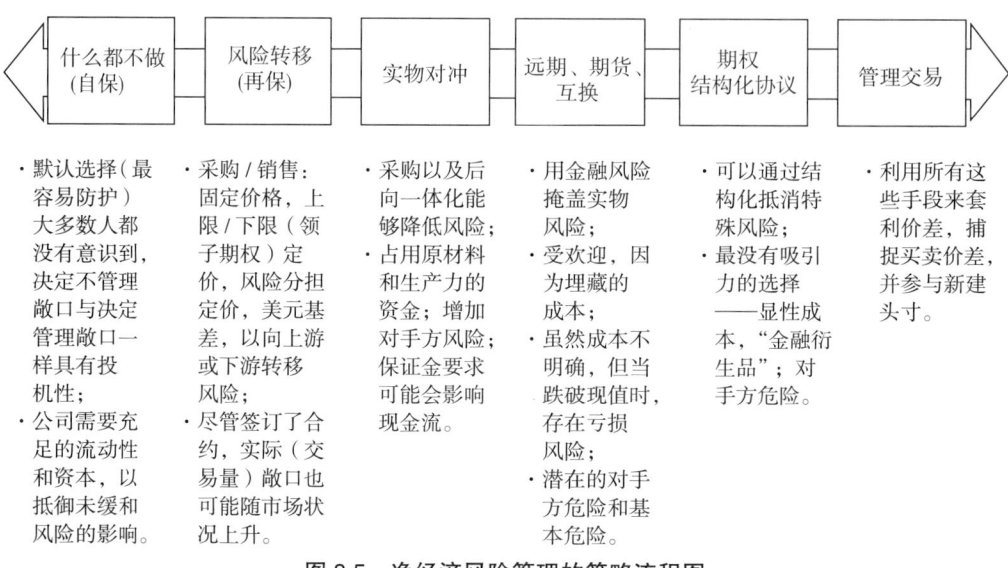

图 8.5　净经济风险管理的策略流程图

资料来源：埃信华迈。

以一个国内工业产品制造商为例。该公司在大宗商品交易和汇率波动情况糟糕的环境下，通过出口和对外直接投资，在几个新兴市场实现了增长。尽管进行了垂直整合，公司也基本上无法通过各种合同价格协议转移风险或与供应商分担风险。有些情况下，通过美元定价将外汇风险转嫁给客户，会使合约交易量面临风险，从而造成实际敞口。之所以盈利，是因为该公司在最初开拓市场的几年里，为了支持自己在当地新兴市场的海外竞争力，设计了一种汇率战略，即用分层掉期和分层期权对冲净经济敞口。

对冲期限、对冲比率及对冲工具

第四步是多数对冲新手公司认为他们应该开始的地方。这一步涉及到许多自由度，但根本上是与实物对冲或金融对冲的规划有关。这包括比较各种对冲工具的适用性，以及确定如何将这些对冲工具融为一体，实现每项敞口的既定目标，观点，和风险偏好。

掉期、远期合约（直接远期、窗口远期、不可交割远期）、期权（普通期权、障碍/指状期权）和零成本结构（领子期权、分利式远期、嵌入式溢价期权）等都能作为对冲工具。评估这些工具时，都不能只考虑显性成本，必须考核机会成本、风险预测等其他要素。

掉期合约和远期合约通常是最常用于对冲汇率敞口、大宗商品敞口和利率敞口的工具，这主要是因为费用不明确。虽然管理者们仍然令人惊讶地难以获批花钱买保险，然而"免费"的保险并没有获得相同程度的审查，也不需要同样程度的审批（这是企业经营模式设计中的一个普遍缺陷）。这些对冲工具的成本隐含在盈利对称面中所放弃的机会和买卖价差中。类似地，对于那些愿意运用期权或结构化产品的更老练的用户来说，领子期权和参与式远期合约往往是最受欢迎的。同样，这些工具的成本不明显，隐含在盈利对称面所放弃的机会和买卖价差中。

不幸的是，传统智慧可能带来灾难性的后果。对称对冲不适合较长期的对冲期限和波动较大的标的资产，因为增加了对冲跌破现值的风险（较现值不利，或负净现值）。跌破现值对冲扩大，代表了巨大的未实现损失，这些损失必须公开公告。通常情况下，平仓这些对冲的压力会越来越大，而且往往是在错误的时间，迫使确认损失，失去了对冲原来的保护作用。

尽管如此，人们往往过多关注对冲工具，而不够重视其他规划。对冲策略应包括对冲期限、对冲金额、对冲比率、使用分层（一种降低成本和风险的手段，见图8.6）、工具、授权和控制过程等要素。

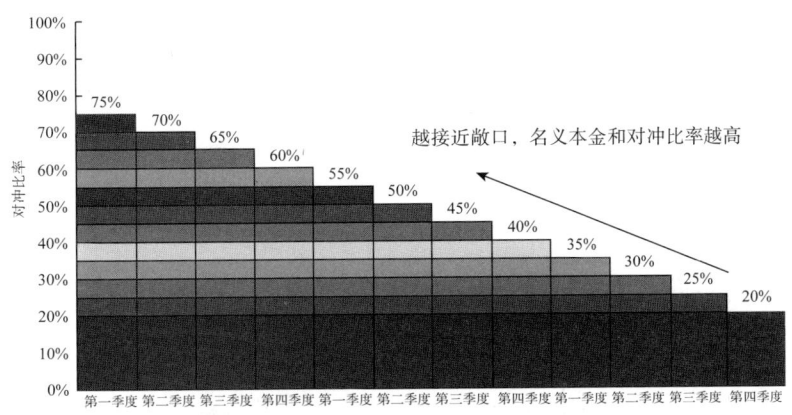

图 8.6　分层对冲图解

资料来源：埃信华迈。

业务交易模式

> 对冲和交易之间有着一条微妙的界限。已有不计其数的研究强调了在交易中创造价值和把握市场时机的难度。多数情况下,持仓本身是不能可持续地创造价值的。多数价值创造与持仓无关,而是源于其他价值渠道,如:与造市相关的买卖价差(即一项避免了净敞口的利润低、交易量大的业务)、套利和按服务项目收费。其他情况下,(实物)优势资产的存在带来了更多的机会。

交易模式需要独特的组织能力(某些情况下,优势资产)来授予"参与权",并最终授予"获胜权"。单一业务的交易模式有三大类,分别是基于资产的交易、基于信息的交易和服务模式。但在实践中,混合形式更受欢迎。

■ 来自自营资产头寸的"租金"

这种"租金"指利用优势资产和市场洞察力从资产头寸处提取的费用或租金——为了金融安全做市而提取买卖价差的实物手段。盈利通常随市场份额情况变化而变化,高于市场的利润与结构性优势有关,比如拥有特殊地位或地理优势的资产(例如,某地区唯一的一家炼油厂,其获得其他物流的途径有限),或与暂时性优势有关(例如,一家炼油厂的关闭使另一家炼油厂的短期租金增长)。例如,美国西海岸的炼油厂因其得天独厚的地理位置而租金收入颇丰。

■ 网络优化

网络优化指围绕现有优势资产(例如,生产、运输、存储或需求的自营来源)有进行有效的流入或流出交易。利用优势资产和市场洞察力来选择和购买产品、运输/存储或选择和销售产品,可以使一个优势资产的整体效率、利用率和盈利达到最大化。例如,在能源"中游"领域,改善原油板岩的采购策略可以优化炼油,并使整个资产的价值最大化。

■ 现货套利

现货套利指利用市场信息、优势资产和执行速度捕获价差。这些价差可能跨时间段或者跨地区,受运输成本、净回值价格、供应点、存置成本、存储成本等市场基本因素的影响。例如，如果两个不同地点的离岸价差高于运输成本，就可以低买高卖，在两地间运输产品。

■ 做市

做市是一种提供市场流动性，赚取买卖价差的利润，作为投入的风险资本和承担的流动性风险的回报的一种手段，与赚取租金类似。即有人愿意做市——根据自己的意愿买进或卖出——他们以向市场提供流动性和套牢风险资本为成本，赚取买卖差价作为收益。以提供价格和交易流为支撑，创造一个流动的市场。必要能力包括具有市场洞察力来设定买卖价格，订单执行和资本。

■ （基于能力的）自营交易

这种交易中，买、卖方双方中得有一方承担风险（因为他们有不同的投资组合、市场展望、较低的资本成本、自保规模，或者风险厌恶程度较低），不想承担风险就不会有回报。所承担的风险可能包括对手风险/信用风险、价格风险（固定价格）、基差风险（不基础的对冲）、操作风险（保证交付）；这取决于优势资产、市场洞察力、资本以及投资组合。

■ （以套利为目的）自营交易

这种自营交易需要在市场上建立实物/金融对冲，根据基本面情况（例如，运输成本、净回值价格、供应点、存置成本、存储成本等）套取不同时期/不同地区间的价差，或根据供/需基本面操作一种观点。比如，远期石油价格可能无法准确反映新产品上线的影响。必要的能力包括获取自营市场信息的能力或卓越的洞察力，风险资本和执行速度。记分卡必须整合决策分析工具，以形成一个闭环流程；交易回报可能不足以证明与"交易盈利"相关的额外风险资本。

■ 按服务项目收费

一些服务传统上与交易捆绑在一起，但现在这些服务可能逐步去中介化，单独收费。例如，将零散订单聚合再拆分为整批或一批以便执行，或提供能改变订单运输方式的输送点等。其他与贸易有关的服务包括与海关或外汇要求有关的服务（交换要求）、订单管理、交易信息、账户服务和金融服务（例如，保险、融资）。

对冲和交易操作模型

最后一步是设计适当的风险管理操作模型,将组织架构、管理流程、决策权、信息流和治理纳入考虑:

- 集中决策权,避免双重对冲、"错向对冲",便于净额结算,实现规模经济。
- 简化审批程序和控制程序,以便及时、准确地报告和妥善处理"无成本"的对称对冲与非对称对冲。
- 风险调整计分卡和分析机制;指标涵盖经济风险回报,如风险调整资本回报率(RAROC)和经济利润(EP)。风险调整资本回报率和经济利润是"自上而下"战略和"自下而上"交易两种活动中,交易盈利分析标准中的两项衡量工具。
- 解决绩效管理系统和激励机制中的潜在冲突,以确保协调一致。
- 一个拥有必要信息和分析支持的执行平台,加上及时高效的执行力。

交易中的绩效评估

风险调整计分卡和分析机制对能否成功实施风险管理战略意义重大。交易中的绩效衡量正在不断发展,以满足战略需求,但大多数交易业务已经建立了按交易对手、业务部门、安全和专业分类监测绩效的系统。衡量业绩的标准必须将收益与其经济风险联系起来——如风险调整后的资本收益率(RAROC)和经济利润(EP)。这些衡量标准需要适当解决许多复杂的业绩衡量问题。

- 风险资本摊销

经济资本(风险资本)是指为缓冲市场风险、经营风险和信用风险(即风险价值,通常以95%或99%的置信度为一天)带来的意外损失(即预期损失计入费用)所必需的权益资本额。然而,由于投资组合内的风险多样化,风险资本可能不可累加,因此"调和"自上而下及自下而上的资本措施非常困难。

■ 市场转让价格

市场转让价格或公平合理的转让价格应包括费用、佣金、加价、差价保留（spread retention）、持仓利润、融资净成本和预期亏损。相关挑战包括，对垂直整合市场或流动性较差的市场中的这些价格进行三角计算。

■ 成本会计

间接成本可以按活动摊销，可以在账户层面或运用组合投资特征，依据例行交易笔数、特殊处理笔数、信用评级和咨询笔数进行分配。

■ 交易所评价

评估交易所，必须将客户便利的影响（包括专属客户的需求）与委托持仓分开。内部交易绩效不包括用于促成内部或外部客户交易的头寸（客户订单流执行价值，客户便利成本净额）。

毫无疑问，启动风险管理措施的最佳时机是在任何风险爆发之前。至少，那些经历过对冲损失、采购成本大幅上升或因汇率和大宗商品波动而利润被侵蚀的公司，会整理一份全面的净敞口清单，评估在战略优势上具有或者没有什么风险，并评估公司的风险承受度。这个过程可以借助其他措施，如采购浪潮、对冲策略改进或修正，以及企业风险管理举措相衔接，以避免举措过重，并利用各种努力之间的自然协同作用。

术语表

请参考斯伦贝谢的在线词汇表：

http://www.glossary.oilfield.slb.com

其他有用的链接

美国石油地质学家协会

http://www.aapg.org/

英国央行报告

http://boereport.com

BP 能源经济数据和工具

http://www.bp.com/en/global/corporate/energry-economics.html

《今日能源》

http://energynow.ca/

圣路易斯联邦储备银行

https://www.stlouisfed.org/

IHS Markit 能源博客

http://blog.ihs.com/ihs-energy

国际能源署

https://www.iea.org/

《石油和天然气杂志》

http://www.ogj.com/index.html

《石油和天然气金融杂志》

http://www.ogfj.com/index.html

石油工程师协会

http://wwwspe.org/

社会科学研究网络

http://www.ssrn.com/

美国能源情报署

http://www.eia.gov/

索引

A

ABC Company	ABC 公司
Allocations	摊销
Arbitrage	套利

B

Big data	大数据
Bone Spring	骨泉
Book loss	账面亏损
British Petroleum (BP)	英国石油公司
Build, borrow or buy	建设、引进或购买
Business delineation	业务划分
Business model	商业模式
Business Unit (BU) versus Headquarters (HQ)	经营单位与总部

C

Capabilities-driven strategy	能力驱动战略
Capability area	能力区域
Capital efficiency	资本效率
Capital planning	资本规划
Capital structure	资本结构
Carbonate	碳酸盐岩
Cardium	卡迪姆页岩

Catch-up clauses	追赶条款
Collaborative vehicles	合资平台
Completion practice	完井作业
Contract rights	合同权利
Conventional plays	常规油气区块
Corporate culture	企业文化
Cost transformation	成本转换
Costing	成本
Costs	成本
Costs for capacity	产能成本
Cut costs and grow stronger	降低成本，成长壮大

D

Deal structure	交易结构
Debt	债务
Decision rights	决策权
Delaware basin	特拉华盆地
Delegation of authorities	决策权下放
Demand rights	请求权
Developers	开发商
Development drilling	开发钻井
Digital Field	数字化油田
Discovery Challenges	发现挑战
Disruptive forces	颠覆性力量
Dollarize	美元化
Drag-along rights	强售权
Drilled but uncompleted (DUC)	钻井但未完井
Drilling and completion (D&C)	钻井和完井

E

Exploration and production (E&P) capabilities	勘探与生产能力

Economic Profit (EP) or Economic Value Added (EVA)	经济利润或经济附加值
Energy Information Administration (EIA)	美国能源情报署
Engineering	工程领域
Enron	安然石油公司
Enterprise operating model	企业经营模式
Environment	环境
Equity	权益
Evolving global resource base	不断发展的全球能源基地
Exit and termination	退出和终止
Exporters	出口商

F

Fading production	生产衰退
Field life	油田寿命
Field life cycle management	油田寿命周期管理
Field life extension	油田寿命延长
Financial strategy	财务策略
Financing	融资
Financing alternatives	融资方案
Financing strategy framework	融资战略框架
Fiscal	财税的
Functional statements	功能陈述
Funding	筹资

G

GAAP treatments	一般公认会计准则处理
Geophysical methods	地球物理学勘探方法
Geophysics	地球物理学
Geoscience capabilities	地质能力
Geotechnical workflows	地质技术工作流程
Geosciences 36	地球科学

H

Hedge horizon	对冲期限
Hedge ratio	对冲比率
Hedging	对冲
High-grading	高级别
Horizontal wells	水平井
Hybrid structures	混合结构
Hydraulic fracturing	水力压裂

I

Imperial Chief Executive Officer (CEO)	帝王式首席执行官
Importers	进口商
Industry evolution	行业演变
Initial public offering (IPO)	首次公开募股
Internal operating model	内部经营模式
Intrinsic value	内在价值
International Oil Company (IOC)	国际石油公司
Iran	伊朗

J

Joint and common costs	联合成本与共同成本
Joint venture (JV)	合资企业
JV costs and challenges	合资企业的成本和挑战

K

Key capabilities	关键功能
Key Performance Indicators (KPIs)	关键绩效指标
Kurdistan	库尔德斯坦
Kuwait digital oil field	科威特数字化油田

L

Layering	分层

Low permeability conventional oil　　低渗透率的常规石油

M

Management processes　　管理流程
Management-by-email　　邮件管理
Market-making　　造市
Mature conventional plays　　成熟常规油气藏
Methane Hydrate　　甲烷水合物
Microseismic　　微震
Midland basin　　米德兰盆地

N

National Oil Company (NOC)　　国家石油公司
Network optimization　　网络优化
Non-Operated Venture (NOV)　　非经营性企业

O

Offshore　　海洋的
Oil & gas prices　　油气价格
Oil sands　　油砂
Onshore conventional　　陆上常规
Operated by Others (OBO)　　他人经营
Operating model　　经营模式
Operating model elements　　经营模式因素
Operating model redesign　　经营模式重构
Operational excellence　　卓越经营
Organization structure　　组织结构
Organizational capabilities　　组织能力
Organizational design　　组织设计
Ownership structure　　所有权结构

P

Percentages	百分比
Performance measurement	绩效评价
Permeability	渗透率
Permian basin	二叠纪盆地
Piggyback rights	附带权
Porosity	孔隙度
Portfolio	投资组合
Portfolio management	投资组合管理
Portfolio tool	投资组合工具
Post-merger integrations (PMI)	并购整合
Prices	价格
Production growth	产量增长
Profit centers	利润中心
Proprietary trading	自营交易
Public-Private Partnership (PPP)	政府和私人资本合作

R

RACI (R=Responbible, A=Accountable, C=Consulted, I=Informed)	"谁负责"、"谁批准"、"咨询谁"和"通知谁"
Real options	实物期权
Regulatory	监管制度
Relevant scale	相关规模
Reserve replacement	储量替代
Reserve growth	储量增加
Ripple effect of unconventionals	非常规能源的涟漪效应
Risk capacity	风险承受度
Risk capital	风险资本
Risk strategy	风险战略
Risk-Adjusted Return on Capital (RAROC)	风险调整资本回报率

S

Sale or dissolution	出售或解散
Sandoz	山德士（仿制药公司）
Seismic	地震
Services	服务
Shale gas	页岩气
Social license	社会许可
Social norms	社会规范
Spraberry	斯普拉伯
Standardization versus optimization	标准化与最优化
Strategic agenda	战略议程
Strategic intent	战略意图
Strategic risk management	战略风险管理
Strategy-led cost transformation	战略导向性成本转换
Supply chain	供应链

T

Tag-along rights	拖带权
Take-away capacity	运力
Talent	人才
Tax treatments	税务处理
Technical capabilities	技术能力
Technology	技术
Technology development	技术开发
The "how"	"怎样"
The "what"	"什么"
Tight oil	致密油
Trading	交易
Transfer of interests	权益转让
Transfer pricing	转移价格

Two-dimensional (2D) seismic	二维地震采集

U

Unconventionals	非常规油气

V

Valuation	估值
Vertical wells	垂直井
Virtual scale	虚拟规模
Vital industry	重要的行业
Volumetric measures	容积指标

W

Wall Street	华尔街
Well architecture	钻井结构
Wolfcamp	沃尔夫坎普
Workflows	工作流

Z

Zagros Field	扎格罗斯油田

参考资料请扫描二维码查看或下载